LÉONARD

DE VINCI

PAR

FRÉDÉRIC KOENIG

TOURS

ALFRED MAME ET FILS

ÉDITEURS

LÉONARD DE VINCI

—

3º SÉRIE IN-8º

Léonard de Vinci.

LÉONARD

DE VINCI

PAR

FRÉDÉRIC KŒNIG

NOUVELLE ÉDITION

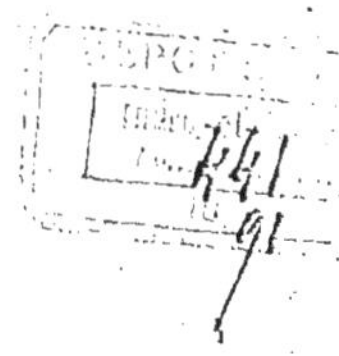

TOURS

ALFRED MAME ET FILS, ÉDITEURS

M DCCC XC

INTRODUCTION

LES BEAUX-ARTS EN ITALIE AU XVᵉ SIÈCLE

Nous n'avons pas intention d'aborder ici, même superficiellement, l'histoire immense de l'art italien à l'époque de la Renaissance, ni d'en énumérer les œuvres même les plus capitales; à peine sera-t-il possible de rappeler en peu de lignes les principaux éléments qui contribuèrent à former ce grand art, et d'essayer d'en offrir une notion générale; c'est le but que nous nous proposons dans cette introduction.

L'Italie a eu dans les beaux-arts un rôle à la fois initiateur et médiateur : elle a réuni et fondu dans son sein l'art byzantin et l'art franco-tudesque, l'Orient et l'Occident. Depuis la chute de l'art antique, l'Italie était restée presque exclusivement tributaire du style byzantin, cette première forme de l'art chrétien, née dans la cité de Constantin, sous les voûtes de la gigantesque basilique de Justinien. Aucune étude de la nature; des types immuables, consacrés par la tradition, larges et lourds, monotones et tristes, pesants et sévères, comme le plein cintre dans lequel s'encadraient leurs mosaïques colossales : tel était ce style. La peinture et la sculpture étaient redevenues, comme dans les théocraties orientales, de simples appendices de l'architecture : l'art chrétien recommençait ainsi les phases qu'avait parcourues l'art antique, et avait débuté, ainsi que lui, par la puissance muette et sombre, par la force dans l'immobilité.

Mais, du XIIe au XIIIe siècle, deux autres éléments, partis de deux pôles opposés, vinrent se rencontrer en Italie, et illuminer de leur double reflet les mornes fantômes byzantins : le style ogival, enfant de la France et de la Germanie, éclos entre la Seine et le Rhin, du génie rêveur du Nord fécondé par le christianisme, passa les Alpes, et apporta en Lombardie, puis en Toscane, les types élancés et mélancoliques que sa statuaire mariait si bien aux lignes aiguës et légères de son architecture. L'entrée du style ogival en Italie coïncidait avec le mouvement religieux imprimé par saint François d'Assise [1], et ce fut un des maîtres du Nord, nommé *Jacques* (Jacopo Tedesco, Jacques le Tudesque ou l'Allemand), qui vint élever dans les montagnes de l'Ombrie l'église *gothique* d'Assise. Bientôt d'autres architectes allemands introduisirent à Vérone, à Venise, puis à Florence, l'ogive avec les modifications que ne tardèrent pas à lui faire subir le génie et le climat italiens. En même temps, les courageux et intelligents marins de Pise apportaient dans leur cité le goût antique avec les débris de la sculpture et de l'archi-

[1] Ce saint instituteur de l'ordre des Frères mineurs, dits *Franciscains*, était né à Assise, en Ombrie, en 1182. Il était fils d'un riche marchand nommé Bernardone. Il fut d'abord destiné par son père à l'aider dans son commerce, et dans ce but il fut envoyé en France pour y apprendre la langue de ce pays, avec lequel Bernardone entretenait de fréquentes relations d'affaires. Le jeune homme apprit si bien cette langue, qu'à son retour on lui donna le nom de *François*, sous lequel il est connu ; mais à l'âge de vingt-quatre ans il renonça à toute occupation mondaine, abandonna tous ses biens, fit vœu de pauvreté, et se consacra tout entier à la prédication et à des œuvres pieuses. Il rassembla bientôt autour de lui à la Portioncule, près d'Assise, de nombreux disciples, dont il forma un ordre qu'il nomma par humilité *Frères mineurs*, et dont la règle fut approuvée, en 1215, par le pape. Ce fut vers cette époque que saint François fit construire l'église dont il est ici question, par un architecte qu'il avait probablement connu dans ses voyages.

1*

tecture grecques, et Nicolas Pisano inaugurait dans ses œuvres élégantes le premier essai de la Renaissance [1].

Du mariage de ces deux éléments, la senti-mentalité du Nord et la grâce harmonieuse de l'Hellénie, naquit à Florence l'immortel Giotto [2] : le chef de la plus illustre des écoles italiennes, le père de la peinture italienne, reçut de la Grèce antique le charme, la grâce, l'animation élégante et riante, et de la Germanie chrétienne l'expression rêveuse, l'aspiration, l'élan vague et mélancolique. L'observation de la nature vivante, déjà tentée avant Giotto par son maître Cimabuë, compléta l'idéal nouveau qui délivra l'Italie des

[1] Nicolas Pisano ou de Pise, né à Pise au commencement du xiii° siècle, mort à Sienne en 1270, fut un sculpteur et un architecte d'un certain mérite. Il embellit sa patrie de plusieurs monuments, dont les plus remarquables sont : le clocher des Augustins et la chaire en marbre du baptistère. On regarde comme son chef-d'œuvre en sculpture le tombeau de saint Dominique à Bologne.

[2] Giotto, ainsi nommé par corruption pour *Angiolotto*, diminutif d'*Angelo*, né vers 1266, mort en 1334, fut dans son enfance gardien de troupeaux. Cimabuë, considéré comme le restaurateur de la peinture en Italie, découvrit les heureuses dispositions de Giotto pour la peinture, et le prit pour élève. Mais celui-ci surpassa bientôt son maître, et l'on peut dire de lui qu'il prépara Léonard de Vinci, Michel-Ange et Raphael. Il était, comme la plupart des grands artistes de ce siècle, peintre, sculpteur et architecte.

langes de l'*imagerie* byzantine, en conservant au principe du style byzantin sa place dans un gracieux ensemble : l'art alors, pour parler l'admirable langage de la Bible, *fut complet dans l'ordre de ses générations;* la peinture italienne montra au monde tous les éléments essentiels de la vie exprimés dans l'art pour la première fois. L'art antique, dans ses dernières périodes, avait exprimé quelquefois la passion humaine, la passion dans le fini; jamais, comme le nouvel art chrétien, il n'avait exprimé l'aspiration douloureuse vers l'inconnu, jamais la passion du divin et de l'infini.

L'équilibre des éléments de l'art ne tarda pas à pencher du côté de l'antique; le mouvement de la Renaissance était trop fort pour ne pas entraîner les artistes avec les philosophes et les savants; peintres, architectes et sculpteurs s'y engagèrent donc, mais avec une mesure qui attestait la haute intelligence de cette grande époque : l'architecture du Nord n'avait pu se naturaliser en Italie sans y subir de profondes altérations, qui rapprochèrent l'ogive du plein cintre et le moyen âge de l'antiquité romaine. L'architecture du Nord, déjà bien modifiée par le fils de Jacques le Tudesque (Arnolfo di Lapo) et par ses émules, entre lesquels figura Giotto avec son génie accoutumé, fut entièrement transformée, au commencement du xv⁰ siècle, par une révolution que suscita un homme d'un esprit élevé et d'une vaste science, le Florentin Filippo Brunelleschi. Il avait d'abord été apprenti orfèvre; mais un voyage qu'il fit à Rome lui inspira le goût de l'architecture. « Frappé de stupeur, raconte Vasari, à l'aspect des merveilleux monuments de Rome, » ce sanctuaire de l'antiquité, dont l'art du Nord n'avait osé franchir les portes, Brunelleschi entreprit de ressusciter le style simple et puissant qui excitait son admiration; il imita l'antique, non en plagiaire, mais en disciple de génie; il prit à l'antique ses règles et ses quatre ordres, avec le système de proportions et d'ornements qui en dérivent; il se garda bien de proscrire l'ogive, et il en fit lui-même le plus habile usage dans ce dôme de Santa-Maria-del-Fiore, qui consacre son nom à l'immortalité.

Le dôme, création majestueuse des Romains léguée à l'art de Byzance, avait été repoussé par l'architecture du Nord au profit des clo-

chers et des flèches ; l'Italie du moyen âge, séparant, au contraire, dans ses églises le clocher (*campanile*) du corps de la basilique, couronna de la coupole byzantine le point d'intersection des branches de la croix : Brunelleschi s'empara du dôme pour l'élever aux proportions les plus grandioses par les combinaisons d'une science ingénieuse et hardie, et pour en faire le signe caractéristique d'une nouvelle architecture religieuse [1].

---

[1] Brunelleschi, né à Florence en 1377, y mourut en 1444. — Les magistrats de Florence avaient appelé les meilleurs architectes contemporains à un concours pour l'achèvement de leur basilique de Sainte-Marie-des-Fleurs, dont les fondations seulement avaient été jetées par Arnolfo di Lapo, qui venait de mourir. Le concours eut lieu en 1420 ; les plans de Brunelleschi furent unanimement adoptés, malgré une vive opposition de la part des autres architectes, qui soutenaient que l'exécution de ce plan était impossible. Il leur répondit en se mettant à l'œuvre ; mais ici mille difficultés, mille tracasseries lui furent suscitées. On alla jusqu'à lui débaucher ses meilleurs ouvriers. Alors lui-même en forma d'autres, à qui il apprit leur métier : aux uns à tailler la pierre, aux autres à maçonner, aux autres à forger le fer, etc. Il eût échoué cent fois s'il n'eût été soutenu par cette étonnante universalité de connaissances pratiques qu'il avait acquises depuis sa jeunesse. « Enfin, dit un écrivain, sans charpente, sans contrefort ni arc-boutant, sans secours d'appui extérieur, se dressa la colossale église, simplement, naturellement, comme un homme fort se lève le matin de son lit sans chercher ni bâton ni béquille. Et, au grand effroi de tous, le puissant calculateur lui mit hardiment sur la tête son pesant chapeau de marbre, la lanterne, riant de leurs craintes et disant : « Cette masse elle-même ajoute à la solidité. »

Les innovations de Brunelleschi furent accueillies avec enthousiasme : l'architecture nouvelle ou renouvelée semblait grandir sous
d'heureux auspices; une imitation judicieuse
et sans servilité, un goût pur, une élégance
mêlée de grandeur, signalaient ses premiers
pas. Si le retour aux ordres grecs portait at-
teinte à la variété de l'art du moyen âge, d'une
autre part, la simplicité d'ordonnance et de
lignes qui succédait à la multiplicité ou plutôt
à la profusion étourdissante des architectes du
Nord, si elle étonnait moins l'imagination, sa-
tisfaisait davantage la raison, et laissait une plus
large place au magnifique déploiement de la
peinture et de la sculpture.

Les trois grands arts avançaient parallèle-
ment avec majesté dans les murs de la glorieuse Florence. Ghilberti et Donato, l'un le
rival, l'autre l'ami de Brunelleschi, transpor-
tant à Florence la tradition agrandie de l'école
grecque de Pise, enorgueillissaient leur patrie
par des miracles de sculpture : Ghilberti cou-
vrait de ses incomparables bas-reliefs, représentant divers sujets du Nouveau Testament,
ces portes de San-Giovanni qui faisaient l'admiration de Michel-Ange, et qu'il proclamait

dignes d'être les portes du paradis; les arts secondaires, l'orfèvrerie, la ciselure, la gravure, la menuiserie, étroitement liés aux arts principaux, les aidaient dans leur tendance à une plastique plus arrêtée et plus rigoureuse. Paolo Uccello introduisait dans la peinture la perspective, et Masolino le clair-obscur, c'est-à-dire le jeu des ombres et de la lumière; la peinture commençait à exprimer avec une vérité inconnue la nature et la réalité, sans oublier la vraie fin de l'art, l'idéal; et Masaccio [1] réunissait tous ces progrès « dans un ensemble parfait qui est demeuré jusqu'à ce jour, dit M. Henri Fortoul, comme le type même de la peinture moderne ». — « Tout ce qui a été fait avant Masaccio est peint; mais tout ce qu'il a fait est vivant. » (Vasari, *Hist. des peintres.*)

La génération qui suivit ces grands hommes conserva et augmenta leur héritage : après

[1] Masaccio, connu aussi sous le nom de *Guidi di San-Giovanni,* naquit près de Florence, en 1401; il fut un des premiers réformateurs de l'art et connut les *raccourcis.* (On sait qu'en peinture on donne le nom de *raccourcis* à l'aspect de certains objets, de certaines figures qui ne doivent pas se présenter à l'œil dans tout leur développement.) On admire ses peintures dans une chapelle des Carmes à Florence, et dans l'église Saint-Clément à Rome.

Masaccio, Ghirlandajo [1]; après Brunelleschi, Léon-Battista Alberti [2]. Laurent de Médicis ne fut pas moins splendidement entouré que ne l'avait été son aïeul. Les instruments et les ressources de l'art ne cessaient de s'accroître : l'importance attachée à la précision des formes, depuis que l'expression du visage ne suffisait plus à l'art, et que le corps humain se détachait des flottantes draperies du moyen âge, amena l'étude de l'anatomie, et, tandis que le dessin marchait à une perfection toujours plus sévère, la couleur s'illuminait d'un éclat inconnu : l'Italie empruntait à l'école fla-

[1] Domenico Corradi, dit le Ghirlandajo, est un des plus célèbres peintres de l'école florentine, si féconde en grands artistes. Le musée du Louvre possède de lui une *Visitation de sainte Anne à la Vierge* qui est justement admirée. Ghirlandajo doit son surnom à une parure de dames en forme de guirlande, inventée par son père, qui était orfèvre. Il inventa lui-même un nouveau genre de mosaïque; mais sa plus grande illustration est d'avoir été le maître de Michel-Ange.

[2] Léon-Battista Alberti appartenait à l'ancienne et illustre famille des Alberti de Florence. Il était né en 1398, et il est mort en 1484. Il se distingua dans l'architecture, la peinture, la sculpture, la littérature et les sciences. Il a laissé sur l'architecture des ouvrages qui lui ont mérité le titre de *Vitruve moderne*. Il a composé en outre des traités de morale, des poèmes et des fables. Plusieurs de ses écrits sont en latin, entre autres son principal ouvrage sur l'architecture, qui a pour titre : *De re ædificatoria*, publié pour la première fois à Florence, en 1485, souvent réédité depuis et traduit en italien et en français.

mande la peinture à l'huile, et le chaud et riche coloris des maîtres de Bruges projetait de loin ses reflets sur les créations de la peinture florentine, qui avaient gardé jusqu'alors dans leur beauté la pâleur originelle de la fresque.

D'une extrémité à l'autre de l'Italie, l'art déployait dans toutes les directions une ardeur, une force, une fécondité indicibles : des maîtres illustres et de florissantes écoles surgissaient dans les moindres cités; l'universalité encyclopédique des hommes qui dirigeaient ce prodigieux essor confond l'imagination; les principaux artistes, cultivant à la fois et avec la même gloire toutes les branches de l'art, étaient en même temps à la tête du mouvement des sciences exactes, et s'associaient à tous les progrès des lettres et de la philosophie : l'architecte Léon-Battista Alberti inventait l'optique et la sonde marine, égalait dans les exercices du corps les athlètes et les héros de l'ancienne Grèce, improvisait au sein de l'Académie platonicienne, fondée par Laurent de Médicis, un commentaire sur le sens symbolique et philosophique de l'*Énéide*. « Architecte, peintre, sculpteur, graveur, perspectiviste, musicien, orateur, poète, critique, historien, moraliste, physicien, mathématicien, Léon-Battista Alberti serait unique dans l'histoire, si Léonard de Vinci n'eût point existé[1]. »

[1] Henri Martin, *Histoire de France*, tome VIII.

LÉONARD

DE VINCI

CHAPITRE I

NAISSANCE DE LÉONARD — IL DEVIENT ÉLÈVE
DE VEROCCHIO

Léonard de Vinci naquit au château de Vinci, dans le val d'Arno, en 1352, à cette illustre époque de la Renaissance où chaque pays d'Italie rivalisait d'ardeur et d'enthousiasme pour les sciences et pour les arts. Dans ces temps privilégiés, où le feu sacré se rallume de toutes parts, les esprits semblent plus actifs, plus studieux, le génie plus entreprenant et plus prompt. Tous ceux qui cultivent les talents de l'esprit s'efforcent alors d'aplanir la route du progrès; les hommes de génie embrassent à la fois toutes les branches de la science et de l'art, parcourent toutes les voies que l'intelligence humaine a ouvertes, et s'y égarent quelquefois. Léonard de Vinci est un de ces derniers. La nature s'était montrée envers lui prodigue de ses dons les plus précieux. Beau, bien fait, doué d'une force corporelle dont on avait peu d'exemple, — d'une seule main, dit-on, il arrêtait le branle d'une grosse cloche, et il ployait le fer d'un cheval aussi facilement qu'une lame de plomb, — il joignait à ces avantages physiques des dispositions extraordinaires pour les arts et les sciences.

Son père, ser Piero de Vinci, notaire de la seigneurie de Florence et appartenant à une noble famille, fit donner à son fils une éducation convenable à un gentilhomme. Bientôt le jeune Léonard excella, non seulement dans les arts d'agrément, tels que l'escrime, l'équitation, la musique, la danse; mais il acquit des connaissances très avancées en mathématiques, en physique, en philosophie et dans toutes les branches de la littérature. Au milieu de cette variété d'études, il se mit à dessiner et à modeler, d'abord comme par délassement; puis il y apporta un goût prononcé et une assiduité soutenue, sans négliger toutefois ses autres talents.

Ser Piero n'avait point de projet arrêté sur

la direction à donner à la vocation de son fils.
Loin de contrarier ses goûts, il s'efforça toujours de lui offrir les moyens d'étudier ce qu'il
voulait et comme il le voulait. En voyant les
dessins remarquables que Léonard avait produits, comme en se jouant, sans maître, sans
autre guide que la nature et son inspiration,
ser Piero crut y reconnaître les signes d'une
vocation qu'il n'avait pas soupçonnée, et il résolut de donner à son fils un maître capable de
le diriger dans cette nouvelle étude pour laquelle
il montrait de si heureuses dispositions.

Il y avait alors à Florence un artiste distingué, nommé Andrea Verocchio, tout à la fois
orfèvre [1], perspectiviste, sculpteur, graveur,
peintre et musicien. Il s'était déjà acquis une
brillante renommée comme sculpteur, et surtout dans l'art de ciseler et de travailler le
bronze. Désirant obtenir les mêmes succès en
peinture, il avait fondé une école fréquentée
par des élèves déjà remarquables par leur talent.
Nous citerons entre autres Pietro Vanucci, dit
le Pérugin, qui devait être le maître de Raphael,
et Ghirlandajo, qui devait être celui de Michel-
Ange.

[1] Par ce mot d'orfèvre ou d'orfèvrerie, qui reviendra souvent
dans ce récit, on entend parler surtout de l'orfèvrerie religieuse, dont les produits à cette époque étaient admirables.

Ser Piero de Vinci était lié d'une étroite amitié avec le Verocchio. Un jour il prit quelques-uns des dessins de Léonard, et alla trouver son ami.

« Je viens, mon cher maître, lui dit-il en l'abordant, vous prier de me rendre un service. Ce serait de me dire franchement ce que vous pensez de ces dessins. » Et en même temps il lui présenta un portefeuille contenant les premiers essais de Léonard.

Le Verocchio, après avoir examiné avec soin toutes ces feuilles l'une après l'autre, répondit sans hésiter : « Ces dessins trahissent l'inexpérience; mais ils annoncent un vrai talent.

— Merci, mon cher Andrea; je suis heureux que votre opinion s'accorde avec la mienne.

— Seulement, reprit l'artiste, j'ajouterai que le maître qui a donné des leçons à l'auteur de ces dessins a négligé de lui enseigner les premiers principes de l'art, ou bien l'élève n'a pas su profiter de ses leçons.

— Eh bien, mon ami, dit ser Piero en souriant, l'auteur de ces ébauches est un jeune homme qui n'a jamais eu de maître de dessin, et n'a reçu de leçons de personne. J'ai voulu vous montrer ces essais afin que, si vous y reconnaissiez l'indice d'un talent réel, ce jeune homme pût trouver, sous un maître tel que vous, les moyens de développer les heureuses dispositions qu'il a reçues de la nature.

— Comment! s'écria Andrea en reprenant les

Pietro Venucci, dit le Pérugin.

dessins et en les examinant de nouveau, le jeune homme qui a fait cela n'a reçu de leçons de personne?

— De personne que de lui-même.

2

— Je vous crois, signor de Vinci, parce que c'est vous qui me le dites; mais c'est quelque chose de prodigieux. Et comment nommez-vous ce jeune homme?

— C'est mon fils Léonard.

— Comment! c'est le beau Léonard, le plus charmant cavalier de Florence; mais il veut donc à lui seul accaparer tous les talents et toutes les gloires!

— Ainsi vous croyez, mon cher maître, que s'il s'appliquait sérieusement au dessin et à la peinture, il pourrait un jour occuper une place distinguée parmi les artistes?

— Une place distinguée! mieux que cela; car, si ce jeune homme étudie sérieusement, il ira s'asseoir au premier rang de tous nos artistes passés et contemporains.

— Ainsi vous seriez disposé à le recevoir dans votre atelier.

— Ce sera avec le plus grand plaisir. De pareils élèves sont capables de faire plus d'honneur à un maître que ses propres ouvrages, et ils sont souvent son plus beau titre de gloire dans la postérité. »

Dès le lendemain, Léonard, tout joyeux, fut admis dans l'atelier de Verocchio. Non seulement il y profita rapidement des leçons du maître, mais il suivit aussi avec intérêt, et non sans utilité pour lui, les travaux de ses meilleurs condisciples, tels que le Ghirlandajo et le Pérugin[1]. Comme ils étaient un peu plus âgés que lui, il put apprendre d'eux certains procédés que la pratique seule enseigne, et qui, sans appartenir directement à l'art, en facilitent cependant l'exercice.

Léonard avait une intelligence trop vaste pour s'attacher à une seule branche de l'art; tout ce que le dessin embrasse fut l'objet de ses recherches. Tantôt il modelait en terre des têtes de femmes et d'enfants qu'on aurait pu attribuer à la main d'un maître; tantôt, appliquant le dessin à la géométrie, science qu'il avait déjà étudiée avec le plus grand succès, il traçait, en simples traits ou dessin linéaire, toutes sortes de figures, de plans, d'édifices, de fabriques, se préparant ainsi à une étude sérieuse de l'architecture; puis il se livrait à de profonds calculs sur la mécanique, la dynamique, l'hydrostatique, etc.; puis, chose étrange, après avoir terminé les calculs les plus arides, résolu les problèmes les plus compliqués de la science;

---

[1] Pietro Vanucci, dit le Pérugin, parce qu'il était né dans les environs de Pérouse (1446), fut le chef de l'école dite ombrienne, et auteur de quantité de belles fresques qui se voient à Pérouse, Florence et Rome. Son plus beau titre de gloire est d'avoir été le maître de Raphaël. — Voir, pour plus de détails sur le Pérugin, notre ouvrage intitulé *Raphael;* 1 vol. in-8º, Tours, Alfred Mame et fils.

son imagination, loin de se fatiguer à ce travail
pénible, trouvait encore de la verve et de la
poésie pour écrire une ode ou un sonnet, et
improviser sur ces paroles un air qu'il chantait
en s'accompagnant avec la lyre, dont il jouait
d'une manière admirable; ou bien il prenait ses
pinceaux, et passait plusieurs heures à dessiner et à peindre, d'après nature, des hommes,
des animaux, des arbres, des fleurs, des pay-
sages, etc. L'ardeur qu'il apportait à ce dernier travail faisait penser à ses condisciples
que la peinture était sa véritable vocation, et
ils lui demandaient parfois pourquoi il ne s'y
appliquait pas uniquement, au lieu de se
livrer, comme il le faisait souvent, à l'étude
aride et froide des mathématiques, qui pourrait finir par éteindre le feu sacré qu'il portait
en lui.

« Vous êtes dans l'erreur, répondait-il en souriant: la science et l'art peuvent s'allier parfaitement; la science, en donnant de la rectitude
à notre jugement, nous enseigne à réprimer les
écarts de l'imagination, et par conséquent à
maintenir l'art dans les justes proportions qu'il
doit conserver, s'il veut atteindre le but auquel
il doit tendre, c'est-à-dire l'imitation intelli-
gente des œuvres de la création. »

Sans doute; mais il n'est pas donné à tout

le monde d'allier la culture de la science et de
l'art, et il faut être doué d'un génie privilégié
pour pouvoir, comme Léonard, vaincre en se
jouant les difficultés sans nombre qu'on rencontre dans ce double travail; pour lui, il ne
semblait réserver la puissance de son application que pour des découvertes, des inventions
ou des perfectionnements. Seulement, ce qu'il
gagnait chaque jour en fécondité, il le perdait
en persévérance; il voyait trop loin pour regarder longtemps; son esprit inquiet devançait sa
main; il concevait trop de choses pour pouvoir
les exécuter toutes. Génie sublime, du reste, et
comme il en faut dans certains siècles pour im-
primer l'élan à leurs contemporains; sortes de
Moïse de l'art, qui mènent les peuples jusqu'à
la terre promise de l'idéal et du beau, mais
qui meurent avant d'y pénétrer eux-mêmes.
« Artiste sublime, dit M. H. Fortoul, qui poussa
à la perfection la grâce et le grandiose, qui les
fondit familièrement dans le même moule, contenant en essence Michel-Ange et Raphael;
antique et philosophe avant eux, et peut-être
plus qu'eux... Du reste universel et touchant
par la pensée à tous les mondes, par les formes
de son talent à tous les arts, par celle de son
pinceau à toutes les écoles [1]. »

____

[1] *Histoire de la peinture chez les anciens et chez les mo-*

Le savant, chez Léonard, n'était pas moins grand que l'artiste : il était doué de cette prévision puissante qu'avait déjà montrée au XIIIe siècle le franciscain Roger Bacon; mais les progrès de l'esprit humain, depuis deux cents ans, rendaient bien autrement assurés et lumineux les regards d'aigle que Vinci jetait sur l'avenir de la science : « Les découvertes qui illustrèrent les Galilée, les Képler, les Mœstlin, les Castelli..., le système de Copernic et jusqu'aux théories de nos géologues modernes, sont indiqués par Léonard de Vinci dans l'espace de quelques pages[1]. »

Léonard ne se bornait pas à l'étude théorique des sciences : il voulut mettre en pratique les connaissances précieuses qu'il avait acquises en architecture, en mécanique et en hydrodynamique, non en élevant des palais ou des monuments somptueux, mais en construisant des édifices utiles, tels que moulins, fouleries et autres usines, dont les machines étaient mues par la force de l'eau. Les nombreux fabricants qui existaient alors à Florence acceptèrent avec empressement ces nouvelles inventions qui, en diminuant le prix de la main-d'œuvre, augmentaient

dernes, par H. Fortoul, sénateur et ministre de l'Instruction publique.

[1] Hallam, *Tableau de l'Europe au moyen âge.*

considérablement leurs bénéfices. Ces travaux auraient suffi à tout autre que Léonard pour l'occuper entièrement et lui procurer des profits considérables ; mais il n'était pas homme à donner tout son temps à une seule occupation, et dès qu'il avait tracé le plan d'une usine ou le modèle d'une nouvelle machine, il en laissait l'exécution à de simples ouvriers, et il revenait à la peinture, son occupation favorite.

Au bout de quelques années qu'il eut fréquenté l'atelier de Verocchio, il était devenu, sans contredit, son élève le plus fort, et Andrea l'employait souvent dans ses tableaux. Un jour que le Verocchio avait été chargé par les religieux de Vallombrosa de leur faire un tableau représentant le baptême du Christ, Léonard y fit un ange tellement supérieur à toutes les autres figures, qu'Andrea, honteux d'être à ce point surpassé par son élève, renonça à tout jamais à la peinture, et il ne voulut plus travailler qu'à la sculpture et à la ciselure, où il n'avait point de rival.

Ce succès de Léonard n'excita point, comme l'ont écrit quelques biographes, la jalousie d'Andrea au point de le brouiller avec son élève. Loin de là, ils restèrent toujours unis, et la preuve, c'est que le Verocchio chargea désormais Léonard d'exécuter les commandes en peinture qui lui étaient adressées. On cite entre autres un carton d'après lequel on devait exécuter en Flandre une portière, tissue de soie et d'or, destinée au roi de Portugal. Andrea confia ce carton à Léonard, et celui-ci y représenta Adam et Ève dans le paradis terrestre, au moment de leur désobéissance. Il dessina en grisaille et à la brosse plusieurs animaux dans une prairie émaillée de mille fleurs, qu'il rendit avec une précision et une vérité inouïes. « Les feuilles et les branches d'un figuier furent exécutées avec une telle patience et un tel amour, qu'on ne peut vraiment comprendre, dit Vasari, la constance de ce talent. On voyait aussi un palmier, auquel il avait su donner un si grand ressort par la disposition et la parfaite entente des courbures de ses palmes, que nul autre n'y serait arrivé. » Vasari ajoute : « Malheureusement la portière fut abandonnée, et le carton est aujourd'hui dans la maison fortunée du magnifique Octavien de Médicis, auquel il a été donné, il y a peu de temps, par l'oncle de Léonard[1]. »

Ici Vasari raconte une anecdote que nous croyons devoir reproduire. « Ser Piero de Vinci, dit-il, se trouvant un jour à la campagne, fut

---

[1] Vasari, *Vie des peintres, sculpteurs et architectes*, t. IV, p. 5. Traduction de Léopold Leclanché.

Le monastère de Vallombrosa.

2*

prié par un paysan de faire peindre à Florence une rondache (espèce de bouclier), qu'il avait faite du bois d'un figuier coupé sur sa terre. Le père de Léonard y consentit volontiers, parce qu'il employait souvent pour son compte, à la pêche ou à la chasse, cet homme qui était fort habile pêcheur et oiseleur. Ayant donc fait porter cette rondache à Florence, il chargea son fils d'y peindre quelque chose à sa fantaisie, sans lui dire d'où elle venait. Léonard prit cette rondache, et, voyant qu'elle était tordue et grossièrement travaillée, la redressa au feu et la donna à un tourneur pour la dégrossir et la polir. Après l'avoir ensuite enduite de blanc et préparée à sa guise, il se mit à réfléchir comment il pourrait y représenter quelque sujet bien effrayant, une sorte d'épouvantail comparable à la Méduse des anciens. Alors il rassembla, dans un endroit où lui seul entrait, toutes sortes de bêtes affreuses et bizarres, des grillons, des sauterelles, des chauves-souris, des serpents, des lézards. Il arrangea le tout d'une manière si étrange et si ingénieuse, qu'il en forma un monstre effroyable, sortant d'un rocher sombre et brisé; son haleine semble devoir corrompre et enflammer l'air, un noir venin découle de sa gueule, ses yeux lancent du feu, et la fumée s'échappe de ses larges narines.

« Léonard souffrit beaucoup pendant ce travail, à cause de l'infection que répandaient tous ces animaux morts ; mais sa verve lui faisait tout braver. Cependant son père et le paysan ne réclamaient plus la rondache ; probablement ils l'avaient oubliée. Léonard avertit ser Piero qu'il eût à l'envoyer prendre, attendu qu'il avait terminé la tâche dont il s'était chargé. Ser Piero se rendit donc un matin à l'atelier de son fils. Après qu'il eut frappé à la porte, Léonard lui ouvrit, le pria d'attendre, entra pour placer la rondache dans son jour sur le chevalet et disposa la lumière de façon qu'elle éclairât son travail de reflets éblouissants. Il fit ensuite entrer son père, qui, oubliant ce qu'il venait chercher, et ne pouvant se persuader que ce qu'il voyait fût une peinture, s'élança pour fuir précipitamment. Léonard le retint et lui dit : « Mon père, cet ouvrage produit l'effet que j'en attendais : prenez-le donc et emportez-le ; il est à vous. »

« Ser Piero fut enchanté de ce travail, qu'il trouvait miraculeux. Puis il acheta secrètement, chez un mercier, une autre rondache, sur laquelle était peint un cœur percé d'une flèche, et la donna au paysan, qui en conserva toute sa vie une grande reconnaissance. Et le bon père, sans en rien dire, vendit la rondache de son fils cent ducats à des marchands florentins, qui ne tardèrent pas à en obtenir trois cents du duc de Milan[1]. »

Vers cette époque, Léonard peignit une Vierge, qui a appartenu au pape Clément VII. Entre autres choses fort remarquables dans ce tableau, on admirait une carafe pleine de fleurs couvertes de rosée, qui avaient une fraîcheur qu'on eût crue dérobée à la nature. Il dessina aussi, sur une feuille de papier, pour son ami intime, Antonio Segni, un Neptune, dont le char est traîné par des chevaux marins. « Le dieu, dit un écrivain contemporain, semble respirer, et la mer s'agiter sous son peuple de tritons, de dauphins, d'orques et d'autans. » On a fait pour ce dessin l'épigraphe suivante :

> Pinxit Virgilius Neptunum, pinxit Homerus,
> Dum maris undisoni per vada flectit equos.
> Mente quidem vates illum conspexit uterque;
> Vincius ast oculis jureque vincit eos.

On cite, de la même époque, plusieurs beaux tableaux de Léonard, que malheureusement il n'acheva pas, entre autres une tête de Méduse dont l'idée lui avait peut-être été fournie par sa

[1] Quelques historiens prétendent que ce fut cet ouvrage qui fit connaître à Ludovic Sforza le talent de Léonard de Vinci, et lui donna l'idée de l'appeler à Milan.

peinture sur la rondache dont nous avons parlé[1]; une Adoration des Mages, dont les figures seules sont terminées et offrent de grandes beautés; une figure d'ange, qui tient une main sur sa poitrine, tandis que l'autre, élevée et venant en avant, a permis à Léonard d'exécuter un admirable raccourci de l'épaule au coude.

Nous mentionnerons encore de nombreux dessins de cette même époque, tous remarquables par l'exécution la plus vive et leur grand accent. La galerie du Louvre en possède huit très beaux. On a de lui encore de nombreuses caricatures, faites dans ses promenades, comme le rapporte Vasari. Il paraît que Léonard avait beaucoup de goût pour ces sortes de charges; suivant lui, il fallait que tout artiste fît de temps en temps trêve aux travaux sérieux pour se livrer à la gaieté; et dans ces intervalles, dit Lomazzo, quand il rencontrait un homme aux traits caractérisés ou à la tournure singulière et originale, des paysans grotesques, des femmes laides et ridicules, il les *croquait* à l'instant, et la collection de ces dessins peut se comparer à la collection de Callot. Tous ces riens, jetés sur le papier avec autant de vitesse que leur auteur en mettait peu dans ses grands

[1] Nous reviendrons plus tard sur ce tableau, dont nous donnerons une description détaillée.

ouvrages, étaient pleins d'esprit et de verve comique.

Ces études, en apparence frivoles, avaient pour lui, peintre observateur, un but utile : c'était de saisir, pour ainsi dire, au passage, les mouvements si variés, si divers, de la physionomie humaine, selon que l'âme est impressionnée par telle ou telle passion, telle ou telle sensation. Paul Lomazzo rapporte, et Marietti après lui, qu'ayant un jour à peindre une joyeuse réunion de campagnards, Léonard invita à dîner des convives amis du plaisir, et leur fit à table des contes si plaisants, qu'ils se prirent à rire aux éclats, bien éloignés de penser que leur amphytrion mettait toute son attention à étudier en eux les diverses impressions de la gaieté. Le résultat d'une pareille scène ne fut pas médiocrement plaisant. On assure aussi qu'il suivait les condamnés au supplice pour connaître sur leurs visages les signes physiognomoniques du crime, et les effets visibles de la peur ou du remords.

CHAPITRE II

Léonard de Vinci n'était pas riche, et cependant il menait une existence de grand seigneur; il eut toujours des domestiques, des chevaux et une ménagerie d'animaux de toute espèce, qui faisaient ses délices et auxquels il donnait les soins les plus minutieux. Ce n'était pas par un caprice coûteux qu'il entretenait ces divers animaux, mais c'était afin d'avoir toujours sous la main des sujets propres à lui servir pour ses études d'histoire naturelle et d'anatomie comparée, auxquelles il consacrait une partie de son temps.

Il n'avait reçu que fort peu de biens de sa famille; mais le produit de ses travaux suffisait largement à ses dépenses, quoiqu'il fût généreux et grand dans sa manière de vivre. Nous devons faire ressortir ici une des circonstances les plus honorables de sa vie; c'est que, entouré de toutes les séductions auxquelles pouvaient l'exposer, dans une ville où les mœurs étaient fort relâchées, sa jeunesse, sa beauté, sa grâce, ses talents, Léonard de Vinci résista à tous les entraînements du monde et des passions, ou plutôt il n'eut qu'une passion, l'amour de l'étude et des arts. « A mesure, dit Félibien dans son langage naïf, qu'il s'instruisait dans les sciences et dans les arts pour devenir grand artiste, il formait ses mœurs et faisait provision de vertus pour devenir un fort honnête homme. Aussi avait-il une manière de traiter avec le monde si douce et si agréable, qu'il charmait tous ceux qui conversaient avec lui [1]. »

« Tous les cœurs étaient à lui, dit Vasari, tant il avait de prestige et de charme dans la conversation. Dieu avait vraiment doué cet homme sublime d'un tact exquis pour concevoir, et d'une terrible puissance pour démontrer. Intelligence, mémoire, dessin, parole, tout concourait au triomphe de ses idées, qu'il imposait en résolvant et en détruisant les objections les plus fortes. Ainsi, il composait une quantité de modèles et de dessins pour prouver qu'ici l'on pou-

---

[1] Félibien, *Entretiens sur les vies et les ouvrages des plus excellents peintres anciens et modernes*, tome Ier, p. 218.

vait aplanir une montagne ou la percer, afin
d'unir deux plaines; que là, au moyen de vis,
leviers, cabestans, on pouvait soulever ou tirer
des poids énormes; qu'ailleurs, à l'aide de pom-
pes, on pouvait curer un port et faire monter les
eaux. Enfin sa tête était en travail continuel, et
de tous ces projets il est résulté un grand nombre
de dessins qui sont épars, çà et là, entre les
mains des artistes. Parmi ces dessins de machines se trouvait ce fameux plan au moyen
duquel, un jour, il démontra à plusieurs citoyens
de mérite, qui gouvernaient alors Florence, qu'il
soulèverait l'église San-Giovanni et l'exhausse-
rait sur des degrés sans la détruire. Il s'appuyait
sur de si bonnes raisons, qu'il fallait finir par
se laisser convaincre; on ne reconnaissait l'impossibilité d'une semblable entreprise que quand
il n'était plus présent[1]. »

Il proposa encore, avec tout aussi peu de
succès, le plan d'un canal de navigation entre
Pise et Florence, au moyen des eaux de l'Arno.
Ce projet, dont l'utilité était incontestable pour
une ville commerçante comme Florence, ne fut
pas mieux accueilli de ses compatriotes que
celui de l'exhaussement de l'église San-Giovanni.
Cependant il était peut-être plus praticable, et,
de fait, ce grand travail a été exécuté, environ

[1] Vasari, *Vie des peintres, sculpteurs, etc.*, t. IV, p. 3 et 4.

deux cents ans plus tard, par Vicenzo Viviani,
dernier élève de Galilée et le plus célèbre ingénieur de son temps, qui fit usage des plans primitifs de Léonard. Du reste, celui-ci, comme
nous le verrons plus loin, acheva plusieurs grands
travaux en ce genre, d'autant plus extraordinaires que cette science était peu connue avant
les écrits et les leçons d'un autre élève de Galilée, Ben Castelli, bénédictin, qui les publia
en 1638, sous Urbain VIII.

Un fait assez remarquable, et que l'histoire
ne nous a point expliqué, c'est que Léonard de
Vinci ne trouva point dans sa ville natale cet
encouragement qui soutient et anime les savants
et les artistes; cependant à cette époque Florence,
était une moderne Athènes, et Laurent de Médicis déployait en faveur des sciences et des arts
cette royale protection qui lui a valu le surnom
de *Magnifique*. Cependant, tandis que les marchands florentins vendaient au poids de l'or, à
Milan, les peintures de Léonard, elles ne trou-
vaient pas autant d'amateurs à Florence; son
beau projet du canal de Pise, ainsi que d'autres
projets d'une grande importance, n'était point
accueilli par ses concitoyens, bien qu'ils fissent
exécuter dans leur ville les travaux les plus
hardis.

Quelque chose donc lui manquait en Toscane,

et il résolut d'aller à Milan, où son nom était déjà connu, chercher un encouragement que négligeait de lui donner sa patrie. Puis il y avait alors à Milan un prince qui s'annonçait comme protecteur des sciences et des arts, et Léonard pensa sans doute qu'il trouverait, sous les auspices de ce prince, plus de facilité pour donner l'essor aux conceptions de son génie.

C'était le fameux Ludovic Sforza, surnommé *le Maure* à cause de son teint basané, qui, depuis 1480, gouvernait le Milanais, non encore comme souverain, mais comme tuteur de son neveu Jean-Galéas Sforza, le duc légitime.

Rappelons en quelques mots l'histoire de cette célèbre maison Sforza, qui régna sur le duché de Milan au xve et au xvie siècle, et joua un si grand rôle en Italie.

Elle tire son origine de Giacomuzzo (Jacques) Attendolo, dit *Sforza* ou Sforce, à cause de sa grande vigueur. Il était fils d'un paysan cultivateur de Cottignola, bourgade de la Romagne. Il suivit d'abord la profession de son père; mais un jour qu'il travaillait aux champs, des soldats passèrent près de lui, précédés d'une musique guerrière. L'idée lui vint d'abord de les suivre; puis il hésita, en pensant à sa famille, qu'il allait abandonner; enfin il eut recours à une sorte de consultation du sort pour fixer sa destinée. Je vais, se dit-il en lui-même, lancer ma cognée contre ce chêne; si elle entre assez pour y rester attachée, je me ferai soldat; si elle retombe, je resterai paysan. La cognée demeura enfoncée dans l'arbre, et Giacomuzzo suivit les soldats. Ces soldats faisaient partie de ces bandes mercenaires, conduites par un chef ou *conducteur*, nommé pour cela *condottiere*, que les différents États de l'Italie prenaient à leurs gages pendant les XIIIe et XIVe siècles. Giacomuzzo Sforza ne tarda pas à devenir condottiere ou capitaine d'un petit corps de partisans, qui combattit pour les Florentins, puis pour divers États italiens. Sforza s'attacha au roi de Naples, qui finit par le nommer grand connétable, reçut de Jeanne II plusieurs grands fiefs, et se noya au passage de la Pescara, en marchant contre le célèbre condottiere Braccio, son rival.

François-Alexandre, fils de Jacques Sforza, avait suivi son père dans toutes ses campagnes et appris sous lui l'art militaire. Il fut reconnu comme chef de son armée après sa mort, car la bande de Sforza était devenue une véritable armée; il combattit Carmagnole en Lombardie (1426), enleva la marche d'Ancône au pape Eugène IV (1434), et s'en fit un État indépendant; devint le gendre de Philippe-Marie Visconti, duc de Milan, après la mort duquel il parvint à être reconnu duc de Milan (1450), malgré l'opposition des habitants; exerça une médiation éclairée entre diverses puissances belligérantes de l'Italie, eut la plus grande part à l'union des petits États de ce pays, qui eut lieu à Lodi (1454), et prit ainsi pour lui le rôle d'arbitre de l'Italie, que jusqu'alors avaient rempli les rois de Naples. Comme il redoutait les prétentions du duc d'Orléans [1], qui, au nom de Valentine de Visconti, sa mère, réclamait l'héritage du Milanais, il s'opposa en toute occasion aux entreprises des Français sur l'Italie, et donna des secours à Ferdinand, roi de Naples, pour repousser son compétiteur de la maison d'Anjou. Louis XI, qui n'aimait pas le duc d'Orléans,

---

[1] Le duc Charles d'Orléans était fils du duc Louis d'Orléans, deuxième fils de Charles V, qui joua un rôle important pendant la démence de son frère Charles VI, et fut assassiné, près de la rue Barbette, par ordre de Jean Sans-Peur, duc de Bourgogne. Il avait épousé Valentine de Milan, qui lui avait apporté en dot le comté d'Asti et ses droits sur le Milanais. Le duc Charles, fils de Louis d'Orléans et de Valentine, prit les armes pour venger la mort de son père, et s'associa dans ce but avec son beau-père, Bernard d'Armagnac; de là la guerre civile des Armagnacs et des Bourguignons. Charles d'Orléans fut fait prisonnier à la bataille d'Azincourt, et retenu captif en Angleterre pendant vingt-cinq ans. Rendu à la liberté, il songea vainement, comme nous venons de le voir, à faire valoir ses droits sur le duché de Milan; mais comme nous le verrons bientôt, son fils, devenu roi de France sous le nom de Louis XII, obtint plus de succès dans cette entreprise.

aida Sforza à soumettre les Génois, et lui fit la
cession de Savone, qui était occupée par les
armées françaises. Sforza, par reconnaissance,
envoya à Louis XI un corps de troupes auxi-
liaires, commandé par Galéas-Marie, son fils
aîné. François Sforza mourut en 1466, laissant
cinq fils de sa femme Blanche Visconti.

François Sforza s'était trouvé à vingt-deux
batailles, et n'avait jamais été vaincu; depuis
longtemps aucun prince d'Italie n'avait uni autant de prudence à autant de valeur. Il n'avait
pas été indifférent au mouvement littéraire et
artistique qui se manifestait dans ce siècle en
Italie, et il s'était montré protecteur des lettres
et des arts. Les savants grecs, réfugiés en Italie
après la prise de Constantinople, trouvèrent un
asile à sa cour, et reçurent de lui des pensions.
Jean Simonetta, son ministre favori, était un
littérateur distingué. Mais, à côté de qualités
réelles et brillantes, François Sforza avait tous
les vices de son siècle. Se jouant de ses ser-
ments, il offensait sans scrupule les mœurs et la
décence; ses succès en politique ne furent obte-
nus qu'à l'aide d'un tissu de perfidies que ses
flatteurs qualifiaient d'adresse et d'habileté.

Galéas-Marie, fils aîné de François, était à la
cour de Louis XI lorsqu'il apprit la mort de son
père. Il se hâta de revenir à Milan, où il prit

possession, sans obstacle, de l'autorité souveraine. Peu de temps après, grâce à l'influence de Louis XI, qui l'aimait beaucoup, il épousa Bonne de Savoie, sa belle-sœur ; car la reine de France, Charlotte de Savoie, était la propre sœur de Bonne. C'était, comme on le voit, de belles et nobles alliances pour le petit-fils de Jacques Attendolo, le paysan de Cottignola. Mais Galéas-Marie avait tous les défauts de son père, sans avoir aucune de ses qualités. En prenant en main le pouvoir, il commença par exiler ses quatre frères : non qu'un sentiment quelconque de haine divisât la famille ; mais entre ces princes défiants et ambitieux aucun lien de parenté n'arrêtait la passion de commander, ou ne servait de garantie contre le crime. Galéas-Marie gouverna bientôt en tyran ; sa cruauté, son avarice, son libertinage, le rendirent odieux à ses peuples. Enfin ses propres courtisans, las de supporter un joug si odieux, conspirèrent contre lui et l'immolèrent au milieu de ses gardes (26 décembre 1476).

Galéas-Marie laissait un fils âgé de huit ans, nommé Jean-Galéas-Marie. Il succéda sans difficulté à son père, sous la tutelle de Bonne de Savoie, sa mère, ayant pour principal ministre le sage François Simonetta, ancien secrétaire du duc François. Les quatre oncles du jeune duc, qui avaient été exilés pendant le règne de leur frère, revinrent à Milan après sa mort et demandèrent à partager la régence, intriguant en même temps pour se rendre maîtres de l'État. Mais Simonetta les prévint : Philippe-Marie, le frère puîné, fut relégué à Bari, dont il était duc; Ludovic, dit le More, à Pise, et Ascagne, le plus jeune, à Pérouse; un quatrième frère, nommé Octavien Sforza, prit la fuite et se noya en passant l'Adda. Philippe-Marie mourut quelque temps après dans les montagnes de Gênes. Alors Ludovic s'empara de Tortone par surprise; puis, à l'aide de ses partisans, qui étaient nombreux, il se rendit maître du château de Milan. La duchesse, Bonne de Savoie, se vit obligée de se réconcilier avec lui; mais à peine lui eut-elle donné quelque part dans le gouvernement, qu'il s'empara de tout, fit saisir le ministre Simonetta; et, après un simulacre de procédure, lui fit trancher la tête le 30 octobre 1480. Alors il déclara à Bonne de Savoie que son fils, Jean-Galéas-Marie, quoique âgé seulement de douze ans, avait pris les rênes du gouvernement, en sorte qu'elle pouvait se retirer.

Bonne sortit, en effet, de Milan le 2 novembre 1480, et alla s'établir à Abbiate-Grasso. A compter de ce moment, Ludovic Sforza gouverna seul et sans contrôle, sous le nom de son neveu Jean-Galéas-Marie. Il s'efforça de faire oublier, par l'intégrité de son administration et par plusieurs entreprises utiles, les moyens plus qu'irréguliers dont il s'était servi pour s'emparer de l'autorité. Il y parvint facilement ; car il possédait une partie des brillantes qualités qui avaient distingué son père ; et s'il avait quelques-uns de ses défauts, il réussit assez bien à les dissimuler. D'ailleurs rien n'annonçait, dans ces commencements, qu'il eût l'intention de conserver le pouvoir au delà de l'époque où son pupille aurait atteint l'âge de gouverner par lui-même. Tous les actes de Ludovic étaient faits au nom de Jean-Galéas-Marie, comme régent du duché et tuteur de son neveu.

Ce fut vers cette époque que Ludovic, voulant imiter son père François, et encourager comme lui les lettres, les sciences et les beaux-arts, invita les savants et les artistes à venir dans la capitale de la Lombardie, où il se proposait de fonder une académie à l'instar de celle que Laurent de Médicis avait établie à Florence, et ce fut alors aussi que Léonard de Vinci, répondant à cet appel, se rendit pour la première fois à Milan.

Ludovic le connaissait de réputation, mais ne l'avait jamais vu. Lorsqu'il parut pour la

première fois en présence du régent, celui-ci
fut frappé de sa bonne mine, de la distinction
de ses manières, et surtout de la beauté juvé-
nile de sa figure, qui le faisait paraître beaucoup plus jeune qu'il ne l'était en effet.

« Signor de Vinci, lui dit-il en souriant gracieusement, je suis heureux de vous voir et de
connaître par moi-même un artiste aussi distingué, dont j'ai si souvent entendu faire l'éloge;
seulement, tout en vous félicitant, permettez-
moi de vous témoigner la surprise que j'éprouve
en vous voyant si jeune et déjà si glorieusement
renommé.

— La surprise de Votre Altesse, répondit
Léonard, vient de ce qu'elle me croit beaucoup
plus jeune que je ne le suis en effet; je suis pourtant à peu près de son âge, car je viens d'ac-
complir ma trentième année, et Votre Altesse
n'a pas, si je ne me trompe, atteint encore sa
trente et unième.

— Comment! vous avez trente ans, et l'on
vous en donnerait à peine vingt-quatre ou vingt-
cinq! tandis que moi, quand j'aperçois ma
figure dans une glace, il me semble que j'ai
quarante ans. Allons, ajouta-t-il en souriant,
cela prouve que le métier d'homme d'État vieillit
plus vite que celui d'artiste. Mais, voyons, re-
prit-il après une légère pause, nous savons que

vous possédez une foule de talents variés que
nous serons heureux d'utiliser si vous vous
décidez à vous fixer à Milan; car vous n'êtes
pas seulement peintre et sculpteur, mais vous
vous entendez aussi, à ce que l'on nous a rapporté, à l'architecture, ainsi qu'à la mécanique
et à la conduite des eaux, et, sous ces divers
rapports, nous aurons peut-être un plus pres-
sant besoin de vos services que de votre talent
comme artiste, sans cependant vous négliger
sous ce dernier point de vue, Dieu m'en garde !
car je compte sur vous pour une œuvre capitale,
qui sera un éclatant témoignage de ma tendresse filiale, en même temps qu'elle illustrera
le règne de mon neveu et de ma régence, et
qu'elle contribuera à la gloire de l'artiste qui
aura exécuté ce monument.

— Je suis à la disposition de Votre Altesse;
je puis lui affirmer que j'emploierai tous mes
efforts et tout mon zèle à la satisfaire, et, avec
l'aide de Dieu, j'espère y parvenir. Veut-elle
maintenant me faire connaître quelle est la nature des travaux dont elle se propose de me
confier l'exécution ?

— Aujourd'hui je n'en ai pas le temps; mais
venez demain matin, n'importe à quelle heure,
je donnerai des ordres pour que vous soyez
introduit aussitôt que vous vous présenterez.

Nous causerons amplement de ces affaires, et quand vous m'aurez communiqué vos idées, j'espère que nous finirons par nous entendre. Ah! j'oubliais de vous adresser encore une question : savez-vous préparer un moule pour couler en bronze une statue ou tout autre objet?

— Je connais tout ce qui constitue l'art du sculpteur et du modeleur sur métaux ; je sais aussi fondre des canons, bombardes et pièces de menue artillerie de mon invention, et qui pourraient être fort utiles à Votre Altesse en cas de guerre [1].

— Oh! pour le moment il ne s'agit pas de me fabriquer des instruments de guerre, car Dieu merci nous sommes en paix avec tout le monde; c'est une statue que je désire faire élever à la

[1] Ces paroles que nous mettons dans la bouche de Léonard de Vinci ne sont pas, comme on pourrait le supposer, de notre invention ; nous les retrouvons dans une lettre qu'il écrivit à Ludovic Sforza pour lui offrir ses services; on y lit le passage suivant : « Je puis, en temps de guerre, employer des « machines nouvelles, telles que ponts, canons, bombardes, « pièces de menue artillerie, toutes de mon invention, et fai- « sant le plus grand ravage; attaquer places fortes et les « défendre par moyens non encore pratiqués ; en temps de « paix, je suis capable, en peinture, sculpture, architecture, « mécanique et conduite d'eau, de tout ce qu'on peut attendre « d'une créature mortelle. » — Il n'y avait, dans cette énumération de ce qu'il se croyait capable de faire, ni forfanterie ni jactance; c'était simplement l'expression naïve de la conscience qu'il avait de ses facultés. (*Commentaires de MM. Leclanché et Jeanron sur Vasari.*)

mémoire de mon père; mais nous reparlerons
de cela demain. Aujourd'hui nous n'avons pas
à nous occuper d'affaires sérieuses; ce soir je
donne une fête au duc de Calabre et à sa fille
Isabelle, la. fiancée du duc mon neveu; vous
me ferez plaisir si vous voulez bien assister à
cette fête. Comme on y fera de la musique, et
que je sais qu'à tous vos autres talents vous
joignez celui d'être excellent musicien, je serais
enchanté si vous vouliez bien nous faire entendre
sur la lyre quelques morceaux de votre composition. »

Léonard remercia le régent de l'honneur qu'il
lui faisait, et promit de répondre à sa gracieuse
invitation.

CHAPITRE III

Le prince et la princesse dont on célébrait
ce jour-là les fiançailles étaient encore, pour
ainsi dire, des enfants. Jean-Galéas Sforza avait
à peine quinze ans, et il était d'une constitution
frêle et délicate qui le faisait paraître plus jeune.
La princesse Isabelle n'avait pas encore atteint
sa douzième année. Le mariage ne devait se
célébrer que dans trois ou quatre ans au plus
tôt. En attendant, la princesse resterait dans un
couvent à Milan, et son futur époux continuerait
son instruction, un peu en retard, disait son
oncle Ludovic, par suite de la faiblesse de sa
santé, qui ne lui permettait pas une application
soutenue et sérieuse.

En effet, jusque-là le jeune duc ne s'était,

pour ainsi dire, occupé que de jeux, d'amusements enfantins et de quelques arts d'agrément, tels que le dessin, et surtout la musique,
pour laquelle il montrait un goût prononcé.
Jamais il ne s'était appliqué ni à l'étude des
langues, ni à celle de l'histoire ni d'aucune
autre science. A peine avait-il acquis quelques-
unes de ces connaissances indispensables à l'éducation, je ne dirai pas d'un prince, mais du
fils d'un simple particulier, bourgeois ou artisan,
qui se respecte et qui connaît ses devoirs de
père ; encore, le peu qu'il savait, il le tenait de
Bonne de Savoie, sa mère : c'est elle qui lui
avait enseigné les premières notions de la religion, et qui lui avait appris à lire et à écrire.
Mais l'accomplissement de cette tâche n'avait
pas été sans difficulté ; car l'enfant, quoique
doué de beaucoup d'intelligence, montrait un
esprit paresseux, indolent et peu réfléchi. Aussi
le regret que lui avait causé la séparation de
sa mère avait été singulièrement adouci par la
liberté entière que lui laissa son oncle de se
livrer à l'oisiveté ou à des amusements puérils,
sous prétexte de ménager sa santé.

Plusieurs prétendaient qu'avec un peu de fer-
meté on aurait facilement triomphé de cette
indolence, et qu'on serait parvenu, sans beaucoup de peine, à lui donner une instruction et

une éducation convenable à son rang; mais, ajoutait-on plus bas, il n'entre probablement pas dans les vues de son tuteur de l'initier de bonne heure à l'art de gouverner, et il tient sans doute à prolonger l'incapacité de son pupille, afin de prolonger d'autant son pouvoir.

Cette dernière opinion était partagée par le prince Alphonse d'Aragon [1], le père de la jeune fiancée; cependant ni lui ni son père n'avaient hésité à rechercher cette alliance, au moyen de laquelle ils espéraient dominer à Milan sous le nom du jeune duc Jean-Galéas, dont ils connaissaient l'incapacité. Aussi Alphonse eut-il soin de stipuler, dans le traité qui eut lieu à l'occasion des fiançailles, que le jour même de son mariage son futur gendre serait remis en pleine possession du gouvernement de ses États. Ludovic, qui avait deviné le but du prince napolitain, acquiesça sans difficulté à une condition qu'il n'était nullement dans l'intention de remplir. Ainsi il y avait des deux côtés une égale mauvaise foi, qui du reste ne profita guère ni à l'un ni à l'autre.

Mais revenons à la fête donnée au palais ducal en l'honneur des jeunes fiancés, fort étrangers

---

[1] Alphonse d'Aragon, duc de Calabre, était héritier présomptif du trône de Naples, occupé alors par Ferdinand d'Aragon, son père, déjà avancé en âge.

l'un et l'autre aux vues politiques et ambitieuses fondées sur leur union future.

Une société nombreuse et brillante, formée de l'élite de la noblesse milanaise et des seigneurs napolitains de la suite du duc de Calabre, était réunie dans les salons et dans les jardins du palais, qu'éclairait une illumination *a giorno*. Un orchestre composé de musiciens d'élite faisait entendre de temps en temps d'harmonieux accords, et alternait avec des jeux scéniques et autres divertissements variés.

Léonard s'était rendu à l'invitation du régent; seulement il avait attendu que la fête fût bien en train, pour se glisser inaperçu au milieu de la foule. Il resta longtemps à l'écart, observant, selon son habitude, ce qui se passait sous ses yeux, lorsque tout à coup Ludovic le More, l'ayant remarqué, courut à lui, le fit avancer au milieu du salon et le présenta au duc de Calabre, aux jeunes fiancés et aux nobles hôtes qui les entouraient. Ce n'était pas un inconnu, au moins de nom, pour la plupart d'entre eux. Gentilhomme par sa naissance, plus illustre encore par ses talents, Léonard n'était pas déplacé dans la plus haute société; ajoutons que le charme de sa conversation exerçait un empire irrésistible sur les esprits, et qu'il y avait dans son regard et dans l'expression de son noble visage une sorte d'éloquence muette qui lui gagnait d'avance tous les cœurs[1]. Aussi fut-il accueilli avec une ferveur marquée de la part de tous ceux à qui il avait été présenté. Léonard répondit à ces avances avec une aisance parfaite; et lorsque Ludovic le pria de se faire entendre sur la lyre, son instrument favori, il acquiesça simplement à sa demande, sans se défendre par une fausse modestie. Alors, se plaçant sur une estrade, en avant de l'orchestre, il prit en main sa lyre d'argent, qu'il avait lui-même façonnée et à laquelle il avait ajouté des perfectionnements inconnus avant lui. Dès les premières notes de son prélude, un silence profond régna dans toute l'assemblée; chacun semblait retenir son souffle pour ne rien perdre des sons mélodieux échappés des cordes vibrant sous ses doigts rapides. Pendant tout le temps que dura l'exécution de ce premier morceau, les auditeurs restèrent immobiles, comme transportés de plaisir et d'admiration; à ce silence religieux succéda, à la fin du morceau, une explosion de bravos et d'applaudissements à faire écrouler la salle.

Après quelques instants de repos, Léonard

[1] *Era tanto piacevole nella conversazione che tirava a se gli animi delle genti, e l'aria sua rasserenava ogni animo mesto.* (VASARI.)

reprit sa lyre et s'en servit pour accompagner un chant de sa composition sur des paroles qu'il improvisait. Alors l'enthousiasme fut à son comble ; les auditeurs semblaient jetés dans une sorte d'extase en entendant cette suave poésie, réminiscence du Dante ou de Pétrarque, soutenue par les accords divins de la lyre[1].

En descendant de son estrade, Léonard reçut les plus chaleureuses félicitations du duc de Calabre et de tous les personnages distingués qui composaient cette réunion. Les artistes de l'orchestre eux-mêmes, dont plusieurs étaient des virtuoses distingués, tous musiciens de profession, qui avaient passé leur vie à surmonter l'une après l'autre les difficultés de leur art, étaient comme abasourdis de ce prodige, et ils ne pouvaient s'empêcher de reconnaître la supériorité de l'artiste florentin.

Quant à Ludovic le More, il était heureux et fier du succès de son nouveau protégé, qui avait de beaucoup dépassé son attente. Il lui témoigna son contentement et son admiration par les démonstrations les plus chaleureuses. Il le comparait à Orphée, à Amphion, à Apollon lui-même. « La lyre, ajouta-t-il, a toujours été

---

[1] *Sopra la lira cantò divinamente all' improviso*, dit Vasari.

Léonard se servit de sa lyre pour accompagner un chant
de sa composition sur des paroles qu'il improvisait.

mon instrument de prédilection ; j'aimais jusqu'ici à charmer mes loisirs en jouant de cet instrument ; mais, après vous avoir entendu, je n'oserais plus jamais le toucher.

— Et pourquoi ? dit Léonard en souriant.

— Parce qu'il me serait impossible d'en tirer des sons comparables à ceux que vous venez de nous faire entendre.

— Cela tient simplement à ce que Votre Altesse se sert d'une lyre ancienne ; mais, si elle faisait usage de la mienne, elle lui ferait produire les mêmes sons que ceux que j'en tire.

— Vous croyez ?

— Certainement, et si vous voulez en faire l'essai, daignez accepter cette lyre que j'offre à Votre Altesse comme un hommage de ma reconnaissance.

— Merci, mon cher Léonard ; mais je ne veux pas vous priver d'un objet qui doit vous être cher à plus d'un titre, ou bien je ne l'accepterai que comme un prêt, à condition que vous me fabriquerez un instrument du même genre que celui-ci, et jusqu'à ce que cet instrument soit terminé.

— Je le veux bien, reprit l'artiste ; en ce cas, je vous confectionnerai une lyre d'un modèle plus nouveau et plus perfectionné encore. »

Pour ne plus revenir sur cet épisode, disons

tout de suite qu'à quelque temps de là, Léonard fabriqua pour Ludovic le More une lyre d'argent à vingt-quatre cordes, d'une forme toute particulière, représentant à peu près le crâne d'un cheval , et de laquelle on tirait les sons les plus harmonieux.

Le lendemain de la fête, Léonard se rendit au palais ducal, comme il en était convenu la veille; il trouva Ludovic dans une des salles basses du palais, entouré de seigneurs napolitains et lombards, qui assistaient, les uns comme spectateurs, les autres comme acteurs, à un assaut d'armes, sous la direction de maîtres d'escrime milanais, qui étaient alors les plus renommés de toute l'Italie. Ludovic le More se piquait aussi d'être habile *en fait d'armes*, et il se plaisait souvent à faire assaut avec les maîtres. En voyant paraître Léonard, il lui dit en souriant gracieusement : « Allons, mon cher de Vinci, nous avons entendu dire que vous étiez aussi fort en escrime qu'en musique, nous ne serions pas fâché de nous en assurer par nous-même; voulez-vous faire une partie avec moi ? » Et en même temps il lui présenta une paire de fleurets.

Léonard prit l'un d'eux en remerciant le prince de l'honneur qu'il lui faisait; puis tous deux se mirent en garde, et une lutte de quelques instants s'établit entre le prince et l'artiste; lutte toute courtoise de la part de celui-ci, car il se contentait de parer les coups de son adversaire sans jamais l'attaquer. Mais il déployait dans ses mouvements une telle grâce, une telle souplesse, jointe à une vigueur si étonnante, à un coup d'œil si sûr et si rapide, que les spectateurs l'applaudirent à plusieurs reprises. Enfin Ludovic, essoufflé, s'arrêta, et, tendant la main à son adversaire, il lui dit : « Vous êtes un rude jouteur, signor de Vinci, et malgré tous mes efforts je n'ai pu parvenir à vous toucher.

— J'en puis dire autant de vous, Monseigneur, je ne vous ai pas touché non plus.

— C'est vrai, ce qui ferait supposer que nous sommes d'égale force ; seulement je crois que vous me surpassez pour la défensive, mais que je vous suis supérieur pour la riposte.

— C'est possible, répondit Léonard en souriant finement, et cela tient sans doute à un système particulier que je me suis fait sur l'escrime.

— Et quel est ce système ?

— C'est de ne considérer cet art que comme un exercice utile à la santé et au développement des forces du corps, en faisant complètement abstraction de l'idée d'une lutte sérieuse dans laquelle il s'agirait de la vie ou de la mort, ou tout au moins de blessures plus ou moins graves à donner ou à recevoir. D'après ce principe, je me suis plus attaché à me rendre fort sur les moyens propres à parer tous les coups qui pourraient m'être portés, qu'à m'exercer à la manière la plus sûre d'attaquer et de frapper mes adversaires.

— Hum! je ne me fierais guère à votre système, s'il s'agissait d'une affaire sérieuse sur le terrain et l'épée à la main au lieu de fleuret.

— Vous voulez parler d'un duel, Monseigneur; mais je vous dirai que j'ai horreur du duel, d'abord comme chrétien, parce que c'est une infraction aux commandements de Dieu, puis comme homme raisonnable; car rien ne me semble plus absurde et plus ridicule, pour peu qu'on veuille y réfléchir. Jusqu'à ce jour je n'ai jamais eu de duel, et j'espère, avec la grâce de Dieu, que je n'en aurai de ma vie; mais si, par des circonstances que je ne peux pas prévoir, je me trouvais attaqué dans quelque rencontre par un ennemi qui en voudrait à ma vie, oh! alors je n'hésiterais pas à me servir des avantages que me donne la science de l'escrime, pour me défendre d'abord, et même pour frapper mon adversaire, s'il n'y avait pas d'autre moyen de me soustraire à son agression.

— Vous seriez dans le cas de légitime défense, et alors vous auriez le droit de vous débarrasser d'un pareil agresseur par tous les moyens possibles ; je ne vois pas qu'il soit nécessaire pour cela de connaître à fond la science des armes.

— Aussi, comme j'ai eu l'honneur de vous le dire, ce n'est pas en vue de me battre que j'ai étudié l'escrime ; je ne l'ai envisagée que comme un exercice on ne peut plus convenable à un jeune homme et surtout à un artiste : en effet, tous les muscles, tous les ressorts du corps humain sont en jeu ; les jambes et les bras acquièrent une grande vigueur et une souplesse égale ; les reins, une admirable élasticité ; les épaules se fortifient, s'effacent ; la poitrine s'élargit, la respiration devient aisée, la tête acquiert un port plus noble ; la démarche, plus de liberté et de facilité. De plus, l'escrime n'exerce pas seulement l'homme physique ; elle agit aussi sur son âme, dont la plupart des facultés sont en jeu. L'attention doit toujours être tendue, le coup d'œil vif, la pensée prompte, la volonté déterminée, la décision rapide et entraînant une exécution instantanée, franche et hardie.

— Mais c'est un cours de philosophie, s'écria

Ludovic en riant, que vous nous faites à propos d'escrime.

— Que voulez-vous, Monseigneur, reprit Léonard sur le même ton, j'ai l'habitude de rechercher en tout le côté philosophique des choses, et c'est pour cela que j'ai composé un traité de l'escrime, où j'ai tâché d'élever à la hauteur d'une science cette branche de l'éducation chevaleresque.

— Et je ne doute pas que vous n'y ayez réussi, si ce traité, que je ne connais pas et que je vous prierai de me communiquer, est aussi bien fait que celui que vous avez composé sur l'équitation ; celui-ci je l'ai lu et étudié avec le plus vif intérêt. Car, seigneur Alphonse, ajouta Ludovic en s'adressant au duc de Calabre, le signor de Vinci est au moins aussi fort en équitation qu'en musique et en escrime, et ce n'est pas peu dire, ainsi que Votre Altesse a pu en juger par elle-même. »

Le duc de Calabre, qui était lui-même un excellent cavalier et un grand amateur de chevaux, manifesta le désir de voir Léonard dans quelques-uns des exercices de haute équitation. On se rendit aussitôt au manège qui dépendait du palais, et le reste de la matinée se passa en divers exercices équestres, dans lesquels Léonard se montra cavalier accompli, et obtint les suffrages et les applaudissements des deux princes et des seigneurs de leur suite, tous appréciateurs compétents de ce genre de talent.

Ce ne fut que dans le courant de l'après-midi, lorsque ses hôtes l'eurent quitté, que Ludovic put s'entretenir avec Léonard des affaires sérieuses qui avaient appelé l'artiste à Milan.

« Je vous ai parlé, lui dit-il, lors de notre première entrevue, d'une œuvre capitale dont j'ai l'intention de vous confier l'exécution. Voici ce dont il s'agit : je veux ériger sur la grande place de Milan une statue équestre et colossale en l'honneur de mon père, François Sforza, fondateur de notre dynastie dans la souveraineté de la Lombardie. Je désire que vous me fassiez d'abord un dessin modèle de ce monument, avec un devis approximatif de ce grand travail, dans lequel vous indiquerez à peu près le temps nécessaire à son exécution. Pour la figure de mon père, vous pourrez vous aider du portrait fort ressemblant, œuvre de Masaccio, qui se trouve dans la galerie des *Barons armés*, au milieu des portraits des capitaines célèbres de son temps ; ou bien encore vous pourrez consulter le tableau peint par Bonifaccio Bembo, dans une chapelle de l'église des Augustins, où mon père est représenté avec la duchesse Bianca, ma mère, tous deux agenouillés en face l'un de l'autre [1].

— Je suis prêt, Monseigneur, répondit Léonard, à entreprendre ce travail préparatoire; seulement que Votre Altesse me permette de lui adresser une demande : quelle attitude dois-je donner au cheval et au cavalier ? Sera-ce un cheval de parade ou un cheval de combat ? Quant au cavalier, doit-il être représenté comme un général dans le calme exercice de l'autorité militaire ou dans l'élan plus pittoresque d'une charge ?

— Ceci est affaire de goût, mon cher maître, et vous êtes meilleur juge que moi en pareille matière; aussi je m'en rapporte à vous, et je vous laisse entièrement libre de traiter ce sujet de la manière que vous croirez le plus convenable. »

Léonard se mit à l'œuvre le lendemain, et quinze jours après il apporta à Ludovic le More deux cartons, sur chacun desquels il avait dessiné la statue équestre du duc François Sforza, dans l'une et l'autre attitude dont il avait parlé; puis un petit modèle en terre de la même sta-

---

[1] Ce tableau existe encore et est assez bien conservé; seulement il ne décore plus l'autel de la chapelle où il avait été primitivement placé, il se trouve maintenant à Brescia, dans le palais Averoldi.

tue qui semblait être un compromis entre les deux autres, c'est-à-dire entre le calme plus noble et plus froid de l'une, et le mouvement plus accentué de l'autre.

Après avoir examiné attentivement les deux dessins et la petite statue en terre, qui était modelée avec une délicatesse infinie, Ludovic s'écria : « Tous les trois sont admirables, et je ne sais vraiment auquel donner la préférence. Aidaz-moi un peu, mon cher maître, et dites-moi quel est votre avis.

— Le premier dessin est conforme aux traditions antiques et à l'art grec, comme on peut en juger par les bas-reliefs du Parthénon et par la statue équestre de Marc-Aurèle, telle qu'on la voit encore sur la place du Capitole à Rome ; le second dessin répond mieux aux exigences de l'imagination populaire, qui ne conçoit son héros qu'en action, et qui veut que cette action soit surtout caractéristique. Enfin, dans le modèle en terre, j'ai cherché à m'inspirer de cette double idée : donner à mon héros plus de mouvement et de vie que dans les chefs-d'œuvre de l'art antique, tout en lui conservant plus de noblesse et de dignité, plus d'empire sur lui-même que n'en comporterait l'entraînement fougueux d'une attaque contre l'ennemi. C'est donc cette dernière idée qui me semble préférable, et, puisque vous me demandez mon avis, c'est celle qui, je crois, sera plus convenable pour le genre du monument que vous vous proposez d'élever à la mémoire de votre illustre père.

— Votre opinion me semble parfaitement raisonnable; cependant je vous avoue que je trouve admirable aussi votre second dessin, et quand je le regarde, je suis presque tenté de me ranger du côté de ce que vous appelez les exigences de l'imagination populaire ; car il ne faut pas oublier que mon père a surtout été remarquable comme un des plus grands guerriers de notre temps, et qu'il s'est trouvé à vingt-deux batailles sans avoir jamais été vaincu.

— Sans doute; mais il a été aussi un souverain sage et prudent, qui a su unir à la gloire des armes la gloire non moins précieuse de pacificateur de l'Italie et de restaurateur des lettres et des arts dans ses États. C'est ce double caractère que doit, à mon sens, rappeler le monument dont nous nous occupons.

— Oui, vous avez raison, et décidément je me range à votre avis; toutefois, avant d'arrêter un plan définitif, nous réfléchirons ensemble avec maturité, et nous verrons si nous devons conserver exactement votre modèle en terre, ou s'il ne sera pas à propos d'y apporter des modifications[1]. En attendant que vous commenciez cette œuvre importante, et pendant que vous méditerez à loisir sur les moyens de la conduire à bonne fin, j'ai d'autres travaux à vous faire exécuter. Mais avant tout je tiens, ajouta-t-il avec bienveillance, à régulariser votre position à Milan. Depuis longtemps j'ai le projet de fonder ici une académie des beaux-arts comprenant la peinture, la sculpture et l'architecture, afin de donner à ces diverses branches de l'art une impulsion plus grande et plus régulière. Jusqu'ici, ce qui m'a empêché d'exécuter ce projet, c'est que je n'avais à mettre à la tête de cette institution personne qui réunît l'ensemble des connaissances nécessaires à cet emploi. Vous êtes, mon cher de Vinci, le seul homme que je croie capable d'entrer dans mes vues et de diriger convenablement un établissement de cette nature. En conséquence, j'ai résolu de vous nommer directeur de l'Académie des beaux-arts de Milan. En attendant que j'aie fait construire un palais des beaux-arts, cette académie sera installée dans une aile du Vieux-Palais, où vous aurez votre logement, avec sept cents

---

[1] Léonard fit plusieurs autres études relatives à cette statue; une partie est conservée dans la collection de Windsor, et ces documents nous font, pour ainsi dire, assister au lent et pénible enfantement de cette grande œuvre.

écus d'appointements par an. Acceptez-vous ma proposition ? »

Léonard accepta avec reconnaissance, et avec une joie contenue par le sentiment de sa dignité, cette proposition du régent.

CHAPITRE IV

Avant de parler de l'influence que Léonard
de Vinci exerça sur l'école milanaise, il est à
propos de jeter un coup d'œil rapide sur ce
qu'avaient été les beaux-arts à Milan pendant
le moyen âge, et sur leur état à l'époque où ce
grand homme fut chargé de la direction de l'académie fondée par Ludovic le More.

« Le rôle de Milan n'a pas été moins brillant
dans l'histoire de l'art chrétien que dans celle de
la religion et de la liberté, et ces trois genres
de gloire, qui y ont eu chacun leur point cul-
minant à des époques assez éloignées l'une de
l'autre, forment trois ères successives, qui par-
tagent presque également les annales de la Lom-

bardie, et dont l'influence se trouve fortement marquée dans le caractère comme dans le génie national.

« A l'ère religieuse, la première dans l'ordre des temps et dans celui des choses, a présidé l'un des plus grands saints dont l'Église catholique ait vénéré la mémoire, saint Ambroise, le pasteur des peuples par excellence, leur modèle et leur guide dans les voies spirituelles, leur sentinelle fervente et ferme tant contre l'hérésie que contre la tyrannie.

« Le rôle important joué par saint Ambroise pendant son glorieux épiscopat laissa des traces si profondes, qu'on peut dire qu'elles ne s'effacèrent jamais. Aujourd'hui même elles sont encore visibles dans la saine partie de la population milanaise. Que devait-ce être au moyen âge, quand les traditions locales étaient encore dans toute leur vigueur, et quand les âmes étaient assez fortement trempées non seulement pour vénérer les vertus de saint Ambroise, mais encore pour comprendre son caractère tout entier?

« La période la plus brillante pour la religion ne le fut pas pour l'art ni pour la liberté, de même que les beaux jours de la liberté milanaise furent précisément ceux de l'extrême décadence de l'art, qui, à son tour, ne sembla fleurir au

xve siècle que pour consoler les Milanais de la
perte de leurs libertés.

« A travers toutes ces vicissitudes, il y eut
une lumière qui ne s'éteignit jamais, un nom
qui ne fut jamais oublié, un grand souvenir qui
resta toujours présent aux esprits, une basilique
qui fut toujours préservée des ravages du temps
et des barbares, et dans laquelle sont heureusement conservés les monuments primitifs de
l'art chrétien dans la Lombardie : je veux parler de la basilique de saint Ambroise, avec ses
vieilles mosaïques et ses vieilles sculptures,
qui, bien qu'elles datent du déclin de l'empire
et de l'art, rachètent l'imperfection des formes
par la grandeur imposante des caractères, et
surpassent, pour le style, la plupart des ouvrages
contemporains qui subsistent dans la haute et
la basse Italie[1]. »

La régénération des arts en Lombardie ne
commença guère à s'opérer que pendant la domination des Visconti, dans le xve siècle. Le célèbre Giotto[2], l'élève de Cimabuë, fut appelé à
Milan par Azzo Visconti, et y forma des élèves
dont les travaux ont joui d'une certaine réputa-

[1] *Léonard de Vinci et son école*, par A.-F. Rio.
[2] *Ille ego sum per quem pictura extincta revixit.* Premier
vers d'une inscription placée au bas du buste de Giotto par
Ange Politien.

tion, mais dont il ne reste plus de traces aujour-
d'hui. Jean Visconti, archevêque et seigneur de
Milan, encouragea de même les lettres et les
arts; il appela aussi en Lombardie des artistes
toscans, et ce que Giotto avait fait pour la peinture, Jean Balducci, de Pise, le fit pour la sculpture.

On peut dire que, vers le milieu du xive siècle,
la régénération de l'art était complète dans la
capitale de la Lombardie, grâce non seulement
aux artistes régénérateurs, mais surtout au
prince qui avait su les attirer et les comprendre,
et qui, en fondant la grandeur de sa dynastie,
n'avait négligé aucun genre de gloire, bien qu'il
fût mort presque à la fleur de l'âge. Azzo Visconti,
né dans les premières années du xive siècle,
mourut en 1339. C'est à lui que remonte le grand
essor imprimé au génie milanais sous l'administration de ses successeurs.

Entre la mort d'Azzo et l'avènement du célèbre Jean-Galéas Visconti, qui forme une autre
ère glorieuse dans l'histoire de la Lombardie,
il s'écoula un demi-siècle de vicissitudes qui
furent parfois assez sanglantes pour constituer
un véritable état de terreur, et pourtant l'on ne
trouve pas que le développement du génie ou
de la prospérité nationale ait été notablement
interrompu.

Jean-Galéas Visconti fut le premier de sa maison qui porta le titre de duc. Ce fut l'empereur Venceslas qui lui conféra ce titre en 1395. Jean-Galéas devint un des plus puissants souverains de l'Italie, et songea même à prendre le titre de roi; mais la mort le surprit avant qu'il eût pu exécuter ce projet. Il avait marié sa fille Valentine au duc d'Orléans, fils de Charles V, roi de France, et nous verrons bientôt un autre roi de France, Louis XII, descendant de ce mariage, réclamer le duché de Milan comme héritier de son aïeule maternelle.

Jean-Galéas, qu'on a accusé, non sans raison, d'avarice, de cruauté et de perfidie, joignait à ces vices quelques qualités qui n'étaient pas dépourvues de grandeur. Il aimait et protégeait les lettres; il avait du goût pour les arts; mais surtout il savait apprécier le mérite et le récompenser magnifiquement. Au plus fort des prospérités de son règne, il fonda cette fameuse cathédrale de Milan, qui est considérée à juste titre comme une des merveilles du monde chrétien.

« C'était une magnifique pensée, dit l'écrivain que nous avons déjà cité[1], pensée digne d'un conquérant plus pieux que lui, de bâtir, en

---

[1] M. A.-F. Rio, *Léonard de Vinci et son école*, p. 17.

guise de trophée, une église de dimensions colossales, correspondant à ses projets de domination sur l'Italie. Chez un peuple dont saint
Ambroise avait fait à l'avance l'éducation religieuse, un monument de ce genre devait être
le plus populaire de tous ; aussi fut-il toujours,
alors et dans les siècles suivants, le plus grand
intérêt du peuple, autant que celui du prince,
sans nuire toutefois à la basilique Ambrosienne,
qui conserva sa popularité spéciale... Nous re-
marquerons seulement ici que la peinture a
fourni les décorations de l'église Saint-Am-
broise, tandis que la cathédrale a surtout em-
prunté les siennes au ciseau des sculpteurs. On
peut même la considérer comme le centre d'une
grande école de la sculpture, dont les ramifi-
cations et les vicissitudes sont intéressantes à
suivre dans l'histoire de cette branche de l'art.

Dix ans après avoir commencé la construction de la cathédrale, Jean-Galéas ordonna celle
de la magnifique chartreuse de Pavie, dont
vingt-cinq moines, appelés d'au delà des Alpes,
prirent possession dans les dernières années
du xive siècle. Le temps n'était pas encore venu
pour la peinture et pour la sculpture d'y dé-
ployer leurs merveilles. Il est même à remarquer que ce prince favorisa beaucoup moins
ces deux arts que l'architecture, qui était plus

en rapport avec ses conceptions gigantesques dans tous les genres.

Sous ses deux fils, Jean-Marie et Philippe-

Cathédrale de Milan.

Marie, qui lui succédèrent l'un après l'autre, la Lombardie tomba d'abord dans l'anarchie la plus effrayante, puis fut déchirée par des guerres continuelles. Les arts et les lettres tombèrent en même temps dans une profonde décadence,

4*

et ne se relevèrent que sous le règne de François
Sforza, gendre de Philippe-Marie Visconti et
son successeur, comme nous l'avons vu, au duché de Milan.

« François Sforza, en qui de fréquentes expé-
ditions et des séjours prolongés dans les villes
de Toscane, et surtout dans l'Ombrie, avaient
fait naître le désir d'imiter les Montefeltro d'Urbin, les Baglioni de Pérouse et les Médicis de
Florence, dans l'essor et l'encouragement qu'ils
avaient su donner aux beaux-arts, s'efforça, dès
qu'il fut au pouvoir, de marcher sur leurs traces;
et l'on peut dire qu'il les surpassa presque tous
par la pureté de ses tendances et par le nombre
de ses fondations à la fois magnifiques et pieuses.
Le grand hôpital de Milan, fondé en 1456, ho-
nore la mémoire du fondateur encore plus que
celle de l'architecte Averulino, que François
Sforza fit venir tout exprès de Rome, où il l'avait
vu travailler aux portes de bronze de la basilique de Saint-Pierre.

« Pendant que cet artiste florentin présidait
à la construction de ce monument et à celle de
la grande église de Bergame, des artistes lombards, sollicités par le réveil de la patrie et par
l'émulation, reprenaient les travaux du Dôme [1],

---

[1] C'est le nom que les Milanais donnent à leur cathédrale.

tristement suspendus pendant le règne des deux
derniers Visconti, et bâtissaient des églises vo-
tives promises par le duc ou par sa femme,
Blanche Visconti, pendant la guerre. La plus
intéressante est sans contredit celle de l'*Inco-
ronata*, formée par la réunion de deux petites
églises que chacun des deux époux avait fait
construire à côté l'une de l'autre. On les voit
tous deux à genoux, sur un vieux tableau déla-
bré, dont tout le mérite consiste dans le touchant
souvenir historique qu'il rappelle. L'archevêque
Gabriel Sforza, propre frère du duc, a son tombeau dans une des chapelles de cette église, et
cette belle figure, couchée en habits pontificaux
avec les mains croisées sur la poitrine, est là
pour prouver que la sculpture, déchue depuis
plus d'un demi-siècle, avait participé à la régénération générale [1]. »

La peinture fut également encouragée par
François Sforza; mais, sous ce rapport, l'école
milanaise n'avait pas fourni d'artistes bien remarquables avant l'arrivée de Léonard de Vinci.
On cite pourtant les noms de Civerchio, de Bo-
nifacio Bembo, de Vicenzo Foppa et des deux
élèves de ce dernier, Bultinone et Zenale Tre-
viglio.

---

[1] M. A.-F. Rio, *Léonard de Vinci et son école*; p. 24.

Il ne reste à Milan que d'assez faibles souvenirs de ces peintres de la période antérieure à celle qui commence avec Léonard de Vinci. Seulement le peu qui a survécu de leurs travaux suffit pour montrer qu'à la mort du grand Sforza l'art était aussi, sous le rapport de la peinture, en voie de régénération, et qu'il n'attendait qu'un guide sûr pour prendre son essor et se développer avec autant d'éclat que dans toute autre ville d'Italie.

La nomination de Léonard de Vinci au titre de directeur de l'Académie des beaux-arts de Milan n'excita la jalousie d'aucun des artistes réunis alors dans cette ville. Sa supériorité dans toutes les branches de l'art avait acquis une telle notoriété, que non seulement personne ne songea à critiquer le choix du prince, mais que ce choix fut unanimement approuvé.

La bonté de son caractère, son affabilité, l'aisance de ses manières, son élocution brillante et facile, sans parler de sa haute réputation, attirèrent bientôt de nombreux disciples à ses leçons, où il développait dans un langage clair, élevé, noble et simple tout à la fois, la théorie de l'art, en même temps qu'il en faisait l'application au moyen de dessins qu'il exécutait lui-même sous les yeux de ses auditeurs.

Nous ne possédons pas sur les travaux de cette

académie, qu'il dirigea pendant de si longues années, des renseignements exacts, au moyen desquels nous pourrions peut-être nous faire une idée juste des services rendus par lui à l'école milanaise, et du genre d'initiation dont ses élèves lui furent redevables. A défaut de ces appréciations positives, on peut tirer parti des indications, quoique souvent incomplètes, contenues dans les manuscrits de Léonard; et l'on peut en conclure que l'Académie de Milan, institution jusqu'alors sans exemple en Italie, avait pour but d'éclaircir et de résoudre toutes les questions relatives à la théorie et à la pratique de l'art.

Au nombre de ces manuscrits se trouve un traité *de perspective,* un traité *de la lumière et des ombres,* un traité *de la peinture,* évidemment composés pour servir à l'enseignement de l'art; seulement cet ouvrage, d'une concision rebutante, manque de développement : c'est comme l'esquisse d'un grand tableau où le sommaire d'un grand ouvrage.

« Le traité de peinture publié sous le nom de Léonard n'est certainement pas le traité qu'il avait composé, dit Gustave Planche; c'est un recueil de notes qui ont pu, qui ont dû servir à la composition du traité; mais il est impossible d'accepter cet assemblage comme une œuvre définitive. A côté de préceptes excellents, fondés sur l'étude de la nature, de conseils techniques dont la justesse ne saurait être révoquée en doute, on y trouve une foule de maximes banales, qui amènent le sourire sur les lèvres, et que sans doute Léonard avait transcrites sans y attacher une grande importance [1]. »

Peut-être, en effet, n'est-ce que le plan, le squelette en quelque sorte, d'un grand traité qu'il aurait eu l'intention de publier, mais que, comme tant d'autres de ses ouvrages, il n'a jamais terminé; ou plutôt, et ceci nous paraît beaucoup plus vraisemblable, ce prétendu traité n'est qu'un recueil de notes destinées à le guider dans ses leçons orales, notes qui contenaient seulement le germe de ses idées, et qui recevaient de la parole vivante du maître tous les développements que comportaient le sujet et le but. Enfin, tel qu'il nous est parvenu, ce traité peut encore être fort utile aux artistes, qui pourront y puiser des leçons très profitables, entre autres sur la manière de placer le modèle, sur la distribution de la lumière et des ombres, sur la méthode la plus sûre pour exprimer le relief des corps, etc. etc. Les plus grands artistes n'ont pas dédaigné de faire usage de ces préceptes,

---

[1] Gustave Planche, *Portraits d'artistes*, tome Ier, p. 120.

et Annibal Carrache disait en parlant de ces savantes observations, dont il s'était procuré une copie manuscrite, car l'ouvrage n'avait pas encore été imprimé : « Quel dommage que je ne les aie pas connues plus tôt ! Elles m'auraient épargné plus de vingt années de travail. »

« Une note consignée dans un manuscrit de Léonard, dit M. Rio, nous met sur la trace des études par lesquelles il se préparait à son enseignement. Loin de se borner à consulter les ouvrages techniques de ses devanciers et de ses contemporains, il cherchait ses points d'appui, et parfois même ses inspirations, dans l'antiquité et dans les beaux génies du moyen âge. Il étudiait à fond le traité de Vitruve sur les ordres d'architecture ; il méditait les ouvrages philosophiques d'Albert le Grand, et il tâchait, comme Giotto, comme Orcagna, Botticelli et Michel-Ange, de puiser dans l'idéal poétique du Dante de quoi soutenir et fortifier son idéal esthétique [1]. »

« Pour lui, le peintre dont les connaissances ne vont pas au delà de son ouvrage, et qui a le malheur d'être content de lui-même, est un homme qui a manqué sa vocation ; au contraire, celui qui n'est jamais satisfait de son œuvre a

---

[1] M. A.-F. Rio, *Léonard de Vinci et son école*, p. 52.

toutes les chances de devenir un excellent artiste. Il est vrai qu'il produira peu ; mais tout ce qu'il produira sera admirable et attrayant. » Lui-même il pratiquait scrupuleusement ce précepte qu'il a consigné dans son *Traité de la peinture* (chap. CCLXXIII); car, dans tous ses ouvrages, il semblait tourmenté d'un incurable mécontentement de lui-même qui l'agitait sans relâche et le forçait à refaire ou à retoucher vingt fois la même chose.

Voici, pris au hasard, quelques autres préceptes extraits du même ouvrage : « Le premier but du peintre étant de faire ressortir sur une surface plane un corps en relief et détaché du fond, il s'ensuit que l'étude par laquelle on apprend à obtenir ce résultat est la plus importante de toutes, et doit, non pas précéder, mais dominer la science même du dessin; car il faut beaucoup plus de travail et de réflexion pour donner les ombres à une figure que pour en dessiner les contours. De plus, les ombres et les lumières ne doivent point être tranchées, mais se noyer ensemble et se perdre insensiblement les unes dans les autres comme la fumée. » (*Traité de la peinture*, ch. CCLXXVII, CCLXXVIII et XV.)

Ces citations suffiront pour nous donner une idée des principes sur lesquels il réglait ses

propres procédés et ceux de ses disciples dans la
pratique de la peinture, et pour nous expliquer
les progrès immenses qu'il fit faire à la science

Le Corrège.

du modelé, et surtout du clair-obscur, dont il
fut le véritable inventeur, et que le Corrège [1]

[1] Antoine Allegri, dit le Corrège, parce qu'il était origi-
naire de Correggio, dans le Modenais. Il était né en 1494, et
il mourut en 1534. On dit que son talent se révéla à la vue

n'aurait jamais poussée si loin s'il n'avait trouvé les voies toutes frayées par le génie de Léonard.

d'un tableau de Raphael; dans son admiration il s'écria : « Et moi aussi je suis peintre ! *Anch' io son pittore !* » Il est celui qui a le mieux entendu l'art des raccourcis et du clair-obscur, dont il avait étudié les principes à l'école lombarde, fondée par Léonard de Vinci.

CHAPITRE V

Il serait assez difficile de suivre Léonard dans
les divers travaux dont il fut chargé par Ludovic
le More, parce que nous manquons de documents suffisants sur ce sujet, et que la plus
grande partie de ces travaux ont péri sans laisser aucune trace. Tout ce que nous savons d'une
manière certaine, c'est que ce prince sut tirer
un merveilleux parti du génie universel de Léonard. Tantôt il lui faisait exécuter son portrait
ou celui des personnes qui lui étaient chères;
tantôt il le chargeait de diriger les miniatures
destinées à *illustrer,* comme on dirait aujour-
d'hui, l'histoire du grand Sforza, son père [1]; ou

[1] Le manuscrit très curieux de cette histoire fut apporté en
France par Louis XII, et il se trouve à la bibliothèque nationale, à Paris. L'exécution des miniatures qui ornent le fron-

bien il lui faisait creuser des canaux d'irriga-
tion ou de navigation, ou dresser des appareils
de fêtes, ou concourir, comme, architecte, à
l'achèvement de la cathédrale, sans parler de
la statue équestre ou du colosse, comme on
l'appelait, auquel Léonard consacrait presque
tous les instants de liberté que lui laissaient
ses autres travaux, sans parler non plus du
magnifique tableau de *la Cène,* auquel nous
réservons un chapitre spécial.

Parmi les travaux remarquables par leur utilité dont il fut chargé à cette époque, nous devons citer la jonction du canal de Martesana à
celui du Tésin, où l'on vit pour la première fois,
non sans admiration, les bateaux franchir les
hauteurs qui séparaient ces deux points, au
moyen d'une route navigable établie à l'aide des
écluses à double porte, récemment inventées [1],

tispice de l'ouvrage et celui de la préface trahit si manifeste-
ment sinon le pinceau, du moins les inspirations immédiates
de Léonard, que des juges compétents ont voulu y voir le travail d'un de ses élèves, d'après les dessins du maître; et ce
qui fortifie cette conjecture, c'est non seulement le style clas-
sique des arabesques et la pureté du goût qui règne dans tous
les détails de l'ornementation, mais c'est surtout l'image de
François Sforza à cheval tel que Léonard l'avait représenté
dans les modèles en petit de la grande statue qu'il devait
élever.

[1] L'invention des écluses de ce genre ne remonte pas au
delà du xv° siècle : elle est due à deux mécaniciens de Viterbe,
dont le nom est resté inconnu ; mais elles furent perfectionnées
par Léonard de Vinci.

et perfectionnées par Léonard. Ce fut à cette occasion qu'il composa un traité d'hydraulique, ou plutôt un recueil de notes auquel on a donné ce nom, comme on a donné celui de Traité de peinture au recueil de notes concernant cet art. Cependant la valeur scientifique de son ouvrage sur l'hydraulique, de l'avis unanime des hommes compétents, dépasse de beaucoup la valeur esthétique et technique du traité de peinture.

En creusant ce canal et en présidant à d'autres travaux du même genre, on voit, par les passages de ses manuscrits, qu'il avait été amené à observer les différentes couches du globe, les débris fossiles du règne animal, et il avait tenté de classer ces débris.

Du reste, ces mêmes manuscrits, dont la plus grande partie est malheureusement perdue, mais dont plusieurs volumes sont conservés dans la bibliothèque de l'Institut de France, dans la bibliothèque nationale de Paris, et dans les bibliothèques de Milan et de Londres, prouvent clairement que Léonard de Vinci avait embrassé le cercle entier des connaissances humaines, depuis l'astronomie jusqu'à l'anatomie comparée.

Non seulement il avait étudié l'algèbre, la géométrie, la mécanique rationnelle dans toute leur généralité, et enrichi ces trois branches du

savoir humain de solutions nouvelles, mais il
avait deviné le mouvement de la terre autour
du soleil longtemps avant Copernic, dont les
découvertes n'ont été publiées qu'après sa mort,
c'est-à-dire vingt-quatre ans après la mort de
Léonard. Il avait étudié la théorie des marées.
Il avait compris le rôle de l'air dans la combustion et dans la respiration, qui n'est pour les
physiologistes qu'une forme particulière de la
combustion. Il avait des idées justes sur le
poids, la condensation et la raréfaction de l'air,
sur l'ascension et la chute des corps à la surface du globe, sur la scintillation des étoiles,
sur la vision, sur l'hygrométrie. Il n'avait négligé aucune partie de la science humaine, et,
non content d'apprendre tout ce que savaient
ses contemporains et d'agrandir le champ de la
pensée par ses observations assidues, par ses
méditations persévérantes, il poursuivait avec
une égale ardeur l'application de ses théories à
l'industrie. Un jour il inventait une machine
pour tondre le drap, le lendemain un balancier
pour frapper la monnaie, ou un appareil pour
soutenir l'homme sur l'eau ou dans l'air; une
autre fois il inventait plusieurs instruments
dont nos tourneurs font un fréquent usage, et
notamment le tour ovale, qui leur est encore
aujourd'hui d'une si grande utilité. L'invention,

sous toutes ses formes, était son bonheur, sa vie. Ce qu'il a dépensé d'intelligence, de volonté pour élargir le domaine de la science, ne saurait se calculer. A compter seulement les voies qu'il a tentées, les voies qu'il a ouvertes, l'œil se trouble, et la pensée demeure confondue. On se demande comment un seul homme a suffi à l'accomplissement d'une pareille tâche, et, quoiqu'il soit mort à l'âge de soixante-sept ans, on a peine à comprendre que l'intelligence la plus pénétrante, la plus active, ait trouvé dans cette longue carrière le temps de poser si clairement tant de problèmes nouveaux, et surtout de les résoudre avec tant de précision[1].

Et tandis qu'il se livrait à l'étude de ces grands problèmes des sciences abstraites ou appliquées, il n'en continuait pas moins avec zèle ses travaux d'artiste et son enseignement à l'Académie des beaux-arts. Il peignit à cette époque une *Sainte Famille* pour Cecilia Gallerani, fort belle personne, dont il avait fait le portrait, ainsi que celui de Lucrezia Crivelli, également renommée pour sa beauté. Ces tableaux ont reçu les plus grands éloges des contemporains; mais ils ont disparu depuis longtemps.

En 1489 fut célébré le mariage du duc Jean-

1 Gustave Planche, *Portraits d'artistes*, tome Ier, p. 121.

Galéas Sforza avec Isabelle d'Aragon, fiancés, comme nous l'avons vu, six ans auparavant. De brillantes fêtes célébrèrent cette union, et à cette occasion Léonard se signala par la construction d'une machine merveilleuse, figurant un ciel brillant d'étoiles, et là, sous la forme des dieux de la Fable, les planètes, roulant dans leur orbite, venaient, l'une après l'autre, chanter l'épithalame de la mariée.

Cependant le mariage de Jean-Galéas n'avait apporté aucun changement à sa situation, malgré les conventions faites autrefois entre son beau-père et son tuteur. Celui-ci continua d'exercer une autorité déléguée, et il en abandonnait les titres à son neveu. Par des raisons politiques, Alphonse ne réclama pas d'abord l'exécution du traité fait avec Ludovic à l'époque des fiançailles de sa fille, et celle-ci, heureuse du titre de duchesse, ne songeait pas à se plaindre. Cet état de choses eût pu se prolonger encore longtemps, sans un événement qui amena un dénouement imprévu.

En 1490, Ludovic le More se maria avec Béatrix d'Este, fille du duc de Ferrare. Bientôt les prétentions vaniteuses de celle-ci rompirent l'union qui avait toujours existé entre l'oncle et le neveu. Béatrix voulut avoir les signes extérieurs de la puissance, et disputa follement le

pas à Isabelle d'Aragon, femme du jeune duc ;
celle-ci, petite-fille d'un roi, fille d'un prince
royal, duchesse souveraine en titre, fut indi-
gnée des prétentions de la fille d'un petit prince,
et dont le mari n'exerçait qu'une autorité usur-
pée. La jalousie de ces deux femmes se changea
bientôt en haine déclarée : Isabelle recourut à
la protection de son père et de son aïeul, le roi
Ferdinand. Le roi de Naples envoya, en 1493,
une ambassade à Ludovic le More, pour le
sommer de rendre l'administration de ses États
à son neveu, qui, parvenu à l'âge de vingt-cinq
ans, était en état de gouverner. Ludovic répondit
avec beaucoup de douceur à l'ambassadeur napolitain ; il n'en fut pas moins effrayé de cette
démarche. Il sentit qu'Alphonse, une fois roi
de Naples, ce qui ne pouvait tarder, vu l'âge
avancé de Ferdinand, ferait tout pour lui arra-
cher le pouvoir et la vie afin de régner à Milan
sous le nom de l'incapable Jean-Galéas. Le sentiment de son danger poussa cet esprit prudent
et timide aux dernières extrémités. Ne se sentant pas soutenu par l'affection des Lombards,
qu'il accablait d'impôts, il recourut aux étrangers, qu'il s'était efforcé jusqu'alors d'écarter
d'Italie. Il offrit la main de sa nièce Blanche
Sforza, avec une dot de quatre cent mille
ducats, à Maximilien, qui venait de succéder

sur le trône impérial à son père Frédéric III
(20 août 1493), obtint en échange un diplôme
secret qui lui conférait l'investiture impériale
du duché de Milan[1], et dépêcha en ambassade
à Charles VIII, roi de France, le comte de Bel-
giojoso, Milanais, et le comte de Caiazzo, Napolitain d'origine, pour exhorter ce prince à re-
vendiquer par les armes *son royaume de Naples.*
L'accueil que fit Charles VIII aux ouvertures
de Ludovic dépassa les espérances et peut-être
les désirs de celui-ci ; le jeune roi était tout
persuadé d'avance. Dès le printemps de l'année
suivante, Charles VIII entra en Italie, à la tête
d'une armée française. Il fut reçu à Pavie par
son allié Ludovic, auquel il demanda un prêt
de deux cent mille ducats d'or, et le château de
Pavie en gage.

Dans ce château se trouvait le jeune duc Jean-
Galéas, atteint d'une maladie mortelle, et qu'on
attribuait à un poison lent, donné par son oncle.
Il avait été relégué dans ce château avec sa
femme, depuis les querelles de celle-ci avec

---

1 Ce diplôme était fondé sur ce que Ludovic le More était
né depuis que François, son père, était monté sur le trône
de Milan, tandis que Galéas-Marie, son frère aîné, était né
auparavant, et par conséquent n'était fils que d'un simple particulier ; que c'était donc à tort que Galéas-Marie avait succédé
à son père, et son fils après lui ; que le trône appartenait légi-
timement à Ludovic, etc.

la princesse Béatrix, femme du régent. Charles VIII rendit visite au jeune duc, mais sans que Ludovic le perdît de vue; il fut touché de l'état déplorable où il le trouva, du désespoir d'Isabelle et du recours qu'elle eut à sa protection, au moment même où il allait attaquer son père : il promit d'une manière vague et embarrassée de la défendre et de soutenir les intérêts de son mari et les siens. Il quitta Pavie pour continuer son voyage, et quelques jours après son départ Jean-Galéas expira, laissant sa veuve avec deux enfants en bas âge.

Ludovic le More se fit déférer par le peuple la souverainete de Milan, au préjudice du fils de Jean-Galéas, en faisant usage du diplôme de Maximilien, dont nous venons de parler.

La conquête du royaume de Naples, achevée par Charles VIII avec une rapidité inouïe, fit bientôt repentir Ludovic Sforza d'avoir appelé ce monarque en Italie. Les Français, fiers de leurs succès, ne voulaient point effectuer la cession de quelques forteresses qui lui avaient été promises ; au contraire, le duc d'Orléans voulait faire valoir ses prétentions sur le duché de Milan, du chef de Valentine Visconti, son aïeule.

Ludovic, alarmé, ne songea plus dès lors qu'à mettre une barrière aux conquêtes des Français. Il signa dans ce but, le 31 mars 1495, un traité d'alliance avec le pape, les Vénitiens, l'empereur Maximilien et les rois catholiques, Ferdinand et Isabelle.

Après les troubles que la présence des Français avait fait éclater en Italie et que leur départ apaisa, Ludovic le More jouit de quelques années de repos, pendant lesquelles il fit exécuter à Léonard ses travaux les plus remarquables; ce qui ne veut pas dire toutefois qu'il l'ait laissé se reposer pendant que les intrigues et les agitations politiques semblaient uniquement préoccuper ce prince. Ainsi, en 1490, Léonard fut adjoint aux architectes qui dirigeaient les travaux de la cathédrale et qui étaient tourmentés par le problème de la coupole, comme on l'avait été à Florence du temps de Brunelleschi. (Voir ce que nous avons dit à ce sujet dans l'introduction.) Ces architectes, depuis le milieu du xve siècle, appartenaient tous à la même famille; le dôme de Milan semblait, pour ainsi dire, leur être inféodé; aussi, quand on voulut leur adjoindre d'autres architectes, ce fut une opposition terrible de la part des anciens. Les plans proposés furent discutés et rejetés après de longues et vives disputes. Le peuple attendait avec anxiété le résultat de ces discussions, comme s'il se fût agi d'un grand intérêt national, et, sur ce point, la sympathie était complète entre le peuple et le souverain. Chez l'un, c'était un enthousiasme à la fois patriotique et pieux; chez Ludovic le More, c'était peut-être un sentiment plus personnel, mais du moins très compatible avec la générosité, car il consacra une branche importante de son revenu à l'achèvement de la coupole[1].

Au milieu de ces projets et de ces discussions animées jusqu'à la dispute la plus aigre, nous n'avons aucun moyen d'évaluer, même approximativement, le rôle que joua Léonard. Un caractère comme le sien ne pouvait que chercher à s'effacer devant ces champions tumultueux, dont l'humeur militante contrastait tant avec ses habitudes calmes et paisibles. Il paraît qu'il abandonna sa coopération à l'œuvre du dôme pour reprendre, dans le calme de ses études, ses travaux ordinaires.

Il reprit surtout à cette époque, avec une nouvelle activité, son travail de la statue colossale de François Sforza. La durée de ce travail fut au moins de dix à douze ans; quelques historiens disent quinze à seize. Mais, comme nous l'avons déjà fait observer, il fut souvent inter-

[1] M. A.-F. Rio, *Léonard de Vinci et son école*, p. 62.

rompu par d'autres travaux, ou bien il marcha de front avec eux.

Enfin, après une si longue attente, la statue équestre parut au grand jour, et bien que ce ne fût encore qu'un modèle en terre, il n'y eut aucune restriction à l'admiration publique. La supériorité de ce monument sur tous les autres du même genre fut reconnue et proclamée d'un bout à l'autre de l'Italie[1]; malheureusement nous sommes obligés de nous en rapporter encore à cet égard au jugement des contemporains; car la statue de François Sforza fut complètement détruite après la chute de Ludovic, soit qu'elle ait servi de cible aux arbalétriers gascons de Louis XII, comme l'ont affirmé quelques écrivains, soit plutôt, comme nous serions disposé à le croire, qu'elle ait été démolie par le peuple lui-même pour se venger de son tyran; opération d'autant plus facile, que la statue n'était encore qu'en terre.

Maintenant on se demande: Comment se fait-il que de 1495 ou 1496, où l'œuvre d'art était terminée, jusqu'à l'année 1499, où elle fut détruite, on n'ait pas exécuté l'opération mécanique de la fonte qui restait à faire pour la mettre en état de braver les injures du temps et celles

---

[1] M. Rio, p. 71.

des hommes? Vasari nous dit qu'il fit le modèle de ce monument dans des proportions tellement colossales, que la fonte en bronze fut jugée inexécutable. La plupart des écrivains sérieux qui se sont occupés de ce sujet ont facilement réfuté cette assertion.

Fra Luca Paciolo, mathématicien éminent, attaché comme Léonard au service de Ludovic Sforza, nous a conservé les proportions du colosse. La hauteur était de vingt et un pieds. Le bronze nécessaire pour couler ce modèle n'eût pas pesé moins de cent cinquante mille livres. Ces dimensions, quelque grandes qu'elles soient, n'avaient pas de quoi effrayer un fondeur habile, aidé au besoin des conseils de Léonard. Les ouvrages du xve siècle qui sont venus jusqu'à nous prouvent assez clairement tout ce que l'Italie savait faire en ce genre à cette époque; nous citerons seulement la statue de Gatta-Melatta, placée à Padoue devant l'église Saint-Antoine; celle de Persée, qu'on voit sous la loge des Lanzi à Florence; enfin la belle statue équestre placée à Venise devant l'église Saint-Jean-et-Saint-Paul, œuvre de Verocchio, le maître de Léonard, et où il avait puisé peut-être plus d'une inspiration. La vérité, la voici : c'est que Ludovic Sforza paraît avoir reculé devant la dépense qu'eût exigée une pareille opération ; car il était alors fort obéré, ainsi qu'on peut en juger par un fragment de lettre adressée au duc de Milan, où Léonard se plaint de son dénuement, et rappelle qu'il lui est dû deux années de sa pension, et qu'il ne lui reste pas de quoi payer ses ouvriers. Ludovic remit donc l'exécution de l'opération à des temps meilleurs; mais ces temps n'arrivèrent pas, et ce fut la ruine et la défaite qui survinrent.

La perte de ce modèle est d'autant plus regrettable, que Léonard avait fait des études spéciales pour mener son œuvre à bonne fin. Après avoir étudié l'anatomie humaine, sous la direction de Marco-Antonio della Torre, professeur à l'université de Pavie, après avoir dessiné pour lui les diverses parties du corps et préparé de ses mains plusieurs pièces anatomiqües remarquables, il n'avait pas étudié avec moins de zèle l'anatomie du cheval. A cet égard ses manuscrits ne laissent aucun doute ; car on y trouve plusieurs chevaux, dessinés à la plume, qui révèlent une science profonde. Nous savons même qu'il avait composé sur cette matière un traité spécial. Ludovico Dolce, qui écrivit, un demi-siècle plus tard, un Dialogue de la peinture, représente Léonard comme un génie sublime, toujours mécontent de ses propres œuvres, qui excellait en tout, mais qui excitait la stupeur par sa manière de faire les chevaux (*stupendis-simo in far cavalli*). Nous le répétons, on ne saurait trop regretter la perte de cette œuvre, où Léonard nous eût offert un modèle d'élégance, de précision et de grandeur.

CHAPITRE VI

LA « CÈNE » DU RÉFECTOIRE DU COUVENT DE SAINTE-MARIE-
DES-GRACES

« C'est dans *la Cène* de Sainte-Marie-des-
Grâces, dit M. Gustave Planche, qu'il faut étudier Léonard de Vinci ; c'est dans cette œuvre
capitale qu'il faut chercher la mesure et la variété du savoir qu'il avait amassé. *La Cène* de
Sainte-Marie-des-Grâces se place par son importance à côté des chambres du Vatican et de
la chapelle Sixtine[1] : malheureusement l'œuvre
de Léonard est bien loin de se présenter à nous
dans le même état de conservation, de fraîcheur
et de jeunesse, que les fresques de Raphael et
de Michel-Ange.

[1] Voir *Raphael* et *Michel-Ange*, publiés par Frédéric Kœnig ;
Tours, Alfred Mame et fils.

L'église des dominicains de Sainte-Marie-des-
Grâces était le sanctuaire de prédilection de la
duchesse Béatrix, épouse de Ludovic le More.
Son époux ne voulut plus employer pour la décoration de ce temple que des artistes du premier ordre. Bramante fut chargé de sa recon-
struction, et la décoration en fut confiée aux
meilleurs sculpteurs de l'Italie. Léonard de
Vinci peignit les portraits des deux époux dans
l'intérieur de l'église et jusque dans le réfectoire
du couvent. Les événements que nous avons
racontés dans le chapitre précédent ralentirent
quelque temps les travaux; la mort subite de
la duchesse (1497) plongea Ludovic dans une
sombre tristesse; pendant quinze jours il se
tint enfermé dans son palais, sans vouloir parler à personne, sans vouloir recevoir de conso-
lations. Enfin cette douleur farouche fit place à
l'attendrissement; il voulut aller pleurer sur la
tombe de son épouse chérie, qui reposait dans
son église favorite de Sainte-Marie-des-Grâces;
il y revint tous les jours assister à l'office des
morts qu'on y célébrait pour le repos de son
âme. Alors il fit reprendre avec plus d'ardeur
que jamais les travaux longtemps interrompus
de cette église; il fit sculpter un magnifique
mausolée destiné à recevoir les restes mortels
de sa femme, et, sur la demande du prieur Ban-

delli, il chargea Léonard de faire, pour le réfectoire du couvent, un tableau de la dernière
Cène de Notre-Seigneur avec ses disciples.

Le sujet proposé à Léonard par le prieur des
dominicains est assurément un des plus difficiles qui se puissent rencontrer dans la peinture, et, malgré l'étendue et la variété de son
savoir, de Vinci n'aborda cette tâche que muni
de toutes les études préliminaires et de toutes
les méditations qui pouvaient éclairer et diriger
son génie. « On eût dit, observe avec justesse
M. Rio, qu'il avait le pressentiment de la place
éminente que cette peinture murale devait occuper dans l'histoire de l'art. »

Une fois l'œuvre commencée, il l'interrompait
souvent pour se livrer à de longues méditations
avant de continuer. Quelquefois il passait des
matinées entières dans le réfectoire des dominicains, les bras croisés, sans toucher à son
pinceau, et absorbé dans ses réflexions. On raconte que le père Bandelli, mécontent de cette
inaction, qu'il prenait pour de la paresse, alla
s'en plaindre au duc de Milan. Ludovic, après
avoir écouté les doléances du prieur, appela
Léonard et lui parla des griefs du bon père
dominicain. Léonard, sûr de trouver dans le
duc un auditeur attentif et intelligent, lui ex-
pliqua sans peine que son travail le plus diffi-

cile n'était pas le maniement du pinceau, mais la conception complète et précise de ce qu'il voulait peindre. Le duc entendit Léonard à demi-mot, et lui dit en souriant : « Soyez tranquille, mon cher maître, le père Bandelli ne vous importunera plus désormais; travaillez à loisir, et que le reste de votre œuvre réponde au commencement; je vous garantis que vous n'aurez jamais rien créé de plus admirable. »

Lorsque Ludovic le More revit le prieur, il lui dit : « Mon père, j'ai fait part de vos plaintes au maître de Vinci; savez-vous ce qu'il m'a répondu? Dites au révérend père Bandelli que ce qui me fait ainsi rêver souvent sans travailler, c'est la difficulté que j'éprouve à trouver des figures convenables pour *mes* apôtres; ainsi, pour le moment, je suis fort embarrassé pour peindre *mon* Judas Iscariote. Plusieurs fois, en voyant le révérend père prieur s'arrêter pendant des heures entières dans mon atelier, j'ai été tenté de prendre sa figure pour modèle; mais jusqu'ici je n'ai pas osé le faire sans sa permission. Veuillez la lui demander pour moi, et lui dire que je lui serai très obligé s'il veut bien m'accorder cette faveur.

— Non, certes, s'écria le prieur avec indignation, je ne lui accorderai jamais cette permission. A-t-on jamais vu une pareille idée!

vouloir me prendre pour modèle de Judas?

— Au fait, mon révérend père, je crois que vous pourriez plutôt servir de modèle pour un saint Jérôme que pour un Judas Iscariote; mais ces peintres ont parfois des fantaisies si bizarres, que, s'il l'a mis dans sa tête, il pourrait bien, sans votre permission, exécuter son idée, c'est-à-dire que, tandis que vous serez assis tranquillement à quelques pas de lui, occupé à le regarder travailler, il pourrait fort bien, sans que vous vous en doutassiez, esquisser votre portrait, et, avec de légers changements, en composer la figure de l'apôtre qui a trahi Notre-Seigneur.

— Si je le croyais capable d'une pareille infamie, jamais je ne remettrais les pieds dans notre réfectoire pendant son travail.

— Ce serait plus prudent, mon père, et, entre nous, je vous y engage. »

Là-dessus, le père Bandelli sortit tout bouleversé de la pensée qu'on avait eue de le transformer en Judas, et dès lors il ne reparut plus dans l'atelier de Léonard.

Cette anecdote a été racontée de différentes manières, avec des variantes et de nombreux accroissements. S'il faut en croire Giraldi Cintio, copié par Vasari, « le prieur des dominicains, « homme dur et difficile, mécontent de ce que

« l'ouvrage ne finissait pas, s'en plaignit plus
« d'une fois au prince, qui gronda sévèrement
« Léonard. Celui-ci, qui jusque-là avait inuti-
« lement cherché des traits propres à rendre la
« physionomie perverse de Judas, saisit avec
« empressement cette occasion de punir son
« dénonciateur ; il le peignit si exactement dans
« la personne de l'apôtre infidèle, que tout le
« monde le reconnut et en fit de piquantes
« railleries. »

Marietti ne nie pas les plaintes portées par le
prieur contre la lenteur de Léonard ; il prétend
seulement que celui-ci était trop honnête homme
pour effectuer une pareille vengeance, et qu'il se
contenta d'en faire la menace au dominicain,
dont l'humeur s'adoucit aussitôt.

D'un autre côté, il a été constaté que la figure
du Judas du tableau de *la Cène* de Sainte-Marie-
des-Grâces n'a jamais ressemblé à celle du père
Bandelli, qui était un vieillard vénérable, doué
d'une physionomie imposante, qui, ainsi que
le disait le duc Sforza, n'aurait jamais pu servir
de modèle à Judas Iscariote. Du reste, que cette
seconde partie de l'anecdote soit une pure es-
piéglerie, inventée par Giraldi Cintio, ou qu'il
y ait eu simplement menaces adressées directement par Léonard, ou bien que le duc ait
supposé cette intention au peintre, afin d'em-

pêcher le père Bandelli d'aller désormais le dé-
ranger, ceci n'a qu'une importance secondaire
et ne mérite pas une discussion sérieuse. Quant
à la première partie de l'anecdote, elle demeure
très probable; car elle s'accorde merveilleuse-
ment avec le caractère et les habitudes de Léonard. Le mécontentement du père Bandelli en
présence de la rêverie qu'il prenait pour de la
paresse n'est d'ailleurs pas invraisemblable.

Pour en finir avec les anecdotes qui ont été
publiées à l'occasion de ce tableau, citons encore celle-ci, racontée par Vasari, et qui, si elle
était vraie, serait d'une importance beaucoup
plus grave que la première. Cet écrivain prétend
que, lorsque Léonard entreprit ce chef-d'œuvre,
« il eut tort de commencer par les apôtres et
d'y épuiser tout ce que son génie pouvait lui
suggérer pour en rendre l'expression parfaite;
de telle sorte qu'étant arrivé à la personne du
Christ et ne trouvant plus rien d'assez beau,
d'assez supérieur au caractère des autres têtes
pour représenter dignement le Fils de Dieu, il
laissa sa tâche incomplète. La tête du Christ
resta ébauchée. » Cette anecdote a été tant de
fois et si longtemps répétée, sur la foi de Vasari et sans examen, qu'un grave biographe de
ce siècle, M. Fabien Pillet, n'hésite pas à dé-
clarer « qu'elle a reçu la sanction du temps, et

que ce serait une sorte de témérité que de la
démentir ». Et il ne trouve rien de mieux, pour
excuser Léonard, que de comparer ce trait à
celui de Timanthe[1], voilant le visage d'Aga-
memnon. Il n'est point ébranlé dans sa convic-
tion par la déclaration de Richardson fils, qui,
lui, ne s'en était pas rapporté au récit de Vasari,
et avait voulu le contrôler par un examen sérieux fait sur le tableau lui-même ; or Richardson déclare, dans une description des peintures
et sculptures d'Italie publiée en 1719, « qu'il
a trouvé dans la tête du Christ de *la Cène* de
Sainte-Marie-des-Grâces le même fini que
dans le reste du tableau. » Cette appréciation
d'un juge très compétent n'embarrasse pas
M. Pillet. « Cette sorte de contradiction, dit-il,
s'explique *par les retouches qui ont pu être faites
depuis un siècle au visage de cette figure*[2]. » Eh
bien ! nous verrons bientôt que l'appréciation
de Richardson était la vraie, et que cette der-

---

[1] Timanthe était un peintre grec contemporain et rival
de Parrhasius (ive siècle avant J.-C.). On a surtout vanté
de lui deux beaux tableaux : *le Cyclope endormi* et *le Sacrifice d'Iphigénie*. Dans le premier, des satyres mesurent avec
un thyrse la longueur du pouce du colosse endormi ; dans le
second, désespérant de pouvoir exprimer la douleur d'Aga-
memnon forcé de sacrifier sa fille, le peintre le représenta la
tête couverte d'un voile.

[2] *Biographie universelle,* tome XLIX, *notice sur Léonard de
Vinci,* par Fabien Pillet.

nière anecdote de Vasari est encore moins authentique que la première.

Léonard n'a pas employé moins de trois ans à peindre *la Cène* de Santa-Maria-delle-Grazie, et bien qu'il se contentât difficilement, comme il avait la main très exercée, nous ne pouvons pas supposer qu'il ait consacré trois années entières à peindre le Christ et les apôtres ; il faut donc admettre, de toute nécessité, que la meilleure partie de son temps a été dévolue à la réflexion ; et certes, ce temps a été bien employé, quoi qu'en ait pu penser le bon prieur Bandelli.

Le sujet de *la Cène* est, comme nous l'avons déjà remarqué, un des plus difficiles à traiter pour un artiste. Aucun peintre de mérite ne l'avait abordé avant Léonard, à l'exception de Giotto, qui avait fait un tableau de *la Cène* pour l'église San-Miniato, à Florence. Il est certain que Léonard, avant de quitter Florence, avait vu bien souvent cette composition, qui avait dû être pour lui le sujet d'une étude assidue ; car, si la forme proprement dite, si l'exactitude et la précision du dessin laisse beaucoup à désirer dans *la Cène* de San-Miniato, on ne peut nier que cette composition ne soit vraiment sublime par la naïveté des attitudes, par l'expression énergique des physionomies. La sérénité majestueuse et attentive de l'Homme-Dieu, l'étonnement et la colère qui se peignent sur le visage des apôtres, la confusion de Judas et la douleur de saint Jean penché sur l'épaule du Christ, rangent l'œuvre de Giotto parmi les monuments les plus importants de l'art chrétien.

Mais le souvenir de Giotto n'était pas fait pour effrayer Léonard. S'il pouvait craindre, en effet, de ne pas surpasser l'élève de Cimabuë sous le rapport de l'expression, il était sûr de le surpasser, de l'effacer par la science, par la précision, par la construction savante de chaque figure, par le jet majestueux des draperies, par l'exécution des détails accessoires, par la distribution de la lumière ; et, à moins d'être aveugle, il faut reconnaître que son espérance n'a pas été trompée. Léonard, comme Giotto, ayant à choisir entre les récits de la Cène présentés par les quatre évangélistes, a sagement donné la préférence à saint Jean, comme étant plus pathétique et se prêtant le mieux à une composition artistique. Cependant les détails mêmes fournis par l'Évangile de saint Jean sont loin de rendre plus facile la tâche du peintre qui se propose de représenter la Cène. Il y a, en effet, dans le récit de saint Jean, si attendrissant et si animé, plusieurs éléments dont le peintre doit renoncer à faire usage. Qu'il nous suffise de mentionner le lavement des pieds, symbole touchant de charité, d'égalité fraternelle, qui troublerait l'unité de la composition.

« Un seul mot, selon moi, dit Gustave Planche[1] dans ses *Portraits d'artistes*, suffit à caractériser dignement *la Cène* de Léonard : c'est l'effort suprême du génie humain. Et, pour accepter cette affirmation, il suffit de passer quelques matinées dans le réfectoire de Sainte-Marie-des-Grâces; car, sur treize têtes, trois seulement, les trois dernières, placées à droite du spectateur, sont à l'état de pastel à demi effacé; toutes les autres se voient parfaitement, pourvu qu'on se place à une distance convenable. La porte percée sous la table[2] par les dominicains, aujourd'hui condamnée et murée, et qui a coupé les jambes du Christ, n'a trou-

[1] M. Gustave Planche, mort en 1857, a été, sans contredit, un des meilleurs critiques d'art de notre époque. Il a passé huit ans, de 1838 à 1846, à étudier en Italie les chefs-d'œuvre de la peinture et de la sculpture, et c'est à la suite de ce voyage qu'il a publié ses *Portraits d'artistes, de peintres et sculpteurs*, 2 vol. in-18, ouvrage que l'on peut considérer comme le résumé de ses études, et qui renferme généralement des appréciations justes et précises. Ces articles, avant d'être publiés en volume, avaient paru dans la *Revue des Deux Mondes* et dans *l'Artiste*.

[2] Cette porte a été percée dans le siècle dernier pour ouvrir un passage plus commode du réfectoire dans l'intérieur du couvent.

blé en rien la grandeur, la sérénité, la clarté
de la composition. Léonard s'est efforcé de
prêter à chaque tête une expression indivi-
duelle, et sa volonté s'est pleinement réalisée.
Pour ceux qui ont étudié avec attention le Nouveau Testament, et qui ont comparé l'un avec
l'autre les quatre évangélistes, c'est un travail
curieux de suivre la pensée de Léonard dans
ses moindres détails. L'auteur, en effet, ne s'est
pas contenté de varier l'expression des physionomies, le sens des attitudes, selon le caractère que la tradition chrétienne prête à chaque
personnage; il a voulu marquer la parenté des
apôtres entre eux ou des apôtres avec le Christ;
en un mot, il n'a rien négligé pour épuiser
toutes les données secondaires dont se compose
la donnée principale.

« Ce qui frappe d'abord le spectateur dans
cette admirable peinture, c'est la tête du Christ,
empreinte d'une divine charité, d'une résignation sublime. *Il suffit de la regarder pendant
quelques minutes pour estimer à sa juste valeur
l'anecdote racontée par Vasari.* Le biographe
toscan assure que Léonard, désespérant de trouver sur la terre le type de la beauté divine, in-
carnée dans la forme humaine, laissa le Christ
inachevé. Or le Christ de Sainte-Marie-des-
Grâces est aussi complètement achevé que les

douze apôtres, et nous possédons sur cette tête
un document qui nous manque pour les autres.
J'ai vu dans la galerie de Brera une étude au
pastel qui a servi de modèle pour le Christ. On
aime à comparer cette étude à la tête peinte
sur la muraille. Le pastel a quelque chose de
maladif. On sent que le modèle transcrit litté-
ralement ne suffirait pas à la tradition évangé-
lique. La tradition dit, en effet, que le Christ,
même à sa dernière heure, gardait encore une
beauté divine, et le pastel de Brera ne satisfait
pas à cette tradition; mais Léonard, avec un
art merveilleux, a su interpréter, agrandir,
embellir son modèle, si bien que le pastel se
retrouve tout entier dans le réfectoire de Sainte-
Marie, et qu'il a cependant perdu, comme par
enchantement, son expression maladive...

« Il n'y a pas, dans *la Cène* de Léonard, une
seule tête dont l'expression soit livrée au hasard, dont les traits soient rassemblés d'après
le souvenir, sans tenir compte d'une volonté
préconçue. Si la mémoire joue un grand rôle
dans cette vaste composition, il faut reconnaître
que la méditation et la volonté ont le pas sur
la mémoire. Léonard a interrogé comme ren-
seignement ce qu'il avait vu, ce qu'il avait
transcrit; mais il n'a jamais accepté la réalité
qu'en raison de sa conformité avec l'idée qu'il

voulait exprimer, et c'est là ce qui assure à *la Cène* de Sainte-Marie une grandeur, une beauté du premier ordre. Chacun des apôtres, aussi bien que le Christ, peut fournir le sujet d'une étude approfondie. Chaque trait du visage, chaque mouvement a sa raison d'être, et jamais, je crois, la prévoyance n'a reçu une plus large, une plus constante application : c'est la mise en œuvre la plus parfaite que je connaisse des théories exposées par la philosophie sur le développement de l'intelligence dans l'ordre esthétique. Voir, savoir, se souvenir, choisir, transformer, vouloir, exprimer tous ces moments de la pensée sont parcourus par Léonard avec une puissance, une sécurité que personne n'avait connue avant lui, que personne après lui n'a surpassée. Et, chose digne de remarque, cette profondeur de savoir, cette persévérance dans la méditation, cette obstination dans la prévoyance, n'ont pas laissé leur empreinte dans la composition. Sans doute il est impossible de voir dans *la Cène* de Sainte-Marie-des-Grâces une œuvre improvisée; mais rien cependant, au premier aspect, n'exclut l'idée de la spontanéité. L'étude et la réflexion peuvent seules démontrer toute l'étendue des travaux préliminaires auxquels Léonard a dû se livrer avant de prendre le pinceau. Comme rien, dans les physionomies, dans les attitudes, ne viole les lois de la vraisemblance, il est permis à la foule de voir dans ce poème, si simple et si grand, une œuvre née sans efforts. Les hommes du métier et tous ceux qui, sans manier le pinceau, ont consacré quelques années de leur vie à l'analyse de l'imagination manifestée sous des formes diverses, devinent sans peine tout ce que *la Cène* a dû coûter à Léonard, et ne peuvent cependant refuser de reconnaître que, dans cette composition capitale, la science la plus sévère n'a pas attiédi le souffle de l'inspiration [1]. »

La Cène de Léonard de Vinci a exercé souvent le burin des graveurs; nous citerons entre autres Soutman, Mantègne, Raynaldi, Bonato, Frey, Thouvenet, Raphael Morghen. La planche de Morghen, publiée il y a soixante ans, est jusqu'à présent la plus estimée. Cependant Gustave Planche prétend qu'aucun graveur, pas même Morghen, n'a donné une idée satisfaisante du tableau original. Il accuse même ce dernier d'avoir changé, en quelque sorte de parti pris, le caractère de toutes les têtes. Il attribue cette espèce d'impuissance, d'abord à la difficulté de reproduire une pareille œuvre, puis à cette cir-

---

[1] Gustave Planche, *Portraits d'artistes*, tome Ier, pages 111 et 112.

constance que les trois quarts des soi-disant
interprètes n'ont pas même visité le modèle
qu'ils voulaient copier, et se sont servis de dessins plus ou moins exacts.

Ce qui contribue à augmenter les difficultés
de reproduction de ce tableau, c'est l'état de
dégradation dans lequel il se trouve, dégradation qui, selon M. Planche, doit être attribuée
à trois causes. La première viendrait de Léonard de Vinci lui-même; au lieu d'employer les
couleurs consacrées jusque-là par l'usage dans
les peintures à fresque, il a inventé une composition non encore éprouvée, mais dont l'épreuve
s'est faite à ses dépens, ou plutôt, ajoute judi-
cieusement le critique, aux dépens de la postérité. En second lieu, ce que le temps et le travail
intérieur des substances employées par Léonard
avaient commencé, la main d'un peintre igno-
rant s'est chargé de le continuer. En 1726, deux
cent vingt-sept ans après l'achèvement de cette
œuvre, Bellotti offrit aux dominicains de Sainte-
Marie-des-Grâces de rajeunir *la Cène,* de la
rendre à sa première fraîcheur; et les dominicains, abusés par cette promesse et par quelques épreuves partielles, lui confièrent impru-
demment la muraille de leur réfectoire. La
promesse de Bellotti sembla d'abord accomplie,
et la couleur reparut comme par enchante-

ment; mais bientôt les rides prirent la place de
la jeunesse. Le vernis qui avait opéré ce miracle
au moment où on l'avait étendu sur la muraille
ne tarda pas, sous l'action combinée de la
lumière et de la chaleur, à se fendiller et à se
détacher en écailles. Enfin, pendant les guerres
d'Italie de notre première révolution, le couvent
des dominicains de Sainte-Marie-des-Grâces
fut occupé par un détachement de troupes françaises, et le réfectoire, où se trouvait le tableau
de Léonard, fut transformé en écurie. Napoléon Bonaparte, alors général en chef de l'armée
d'Italie, ayant appris cette profanation, alla
visiter le réfectoire, et, après avoir examiné
attentivement le tableau, il écrivit sur ses
genoux un ordre du jour portant que ce lieu
serait désormais exempt de logements mili-
taires. Mais, peu après le départ de l'armée
française, la salle privilégiée servit alternative-
ment d'écurie et de grenier à fourrage, et telle
en était encore la destination quand Eugène de
Beauharnais devint vice-roi d'Italie. Il ordonna
de nettoyer entièrement ce réfectoire, et fit
élever près de la peinture une espèce d'échafaudage ou de pont, afin qu'il fût plus facile de
se placer à un point de vue convenable pour
l'examiner. Ce fait est constaté par l'inscription
suivante, qui y est restée longtemps encore

après la chute du royaume d'Italie fondé par
Napoléon Ier :

Anno regni italici III, Eugenius Napoleo, Ital. prorex,
Leonardi Vincii picturam fœde dilabentem
Parietinis refectis excultis ab interitu adseruit,
Magna molitus ad opus eximium posteritati prorogandum.

Sous la domination autrichienne, le réfectoire
des dominicains resta à peu près dans l'état où
l'avait laissé le prince Eugène, bien que le couvent ait été transformé en caserne de hussards.
Sous le nouveau régime inauguré en 1860,
nous devons croire que le tableau de Léonard
est l'objet de soins attentifs pour en empêcher,
ou du moins en retarder autant que possible
la dégradation. Cependant, d'après M. Planche,
l'état fâcheux de cette peinture murale a été
fort exagéré par la plupart des écrivains qui
en ont parlé, les uns après l'avoir regardée en
passant, les autres sans l'avoir jamais vue.
« Pendant mon séjour à Milan, dit-il, j'ai souvent étudié *la Cène* de Léonard, et je ne puis
me ranger à l'avis généralement accrédité. Il
n'est pas vrai, comme on le répète dans toutes
les langues de l'Europe, que *la Cène* n'offre
plus aux regards qu'une ruine confuse. Pour
parler en ces termes, il faut n'avoir pas pris la
peine d'étudier cette œuvre considérable pendant
un quart d'heure. Si l'on gravit, en effet, les

degrés du plancher établi devant *la Cène* (probablement le pont ou échafaudage construit sous le vice-roi), si l'on se place à quelques pieds de distance pour la regarder, non seulement il est impossible d'embrasser l'ensemble de la composition, mais encore les détails échappent à l'œil le plus attentif. Si l'on s'éloigne; si, docile aux conseils du bon sens, on se place à la distance que l'auteur lui-même devait souhaiter pour l'étude de son œuvre, on ne tarde pas à saisir l'ensemble, qui d'abord se dérobait aux regards, et les détails mêmes de chaque tête se révèlent peu à peu avec une entière évidence. Il n'est donc pas vrai que *la Cène* soit complètement perdue, malgré son état trop réel de dégradation; c'est une de ces phrases banales qui passent de bouche en bouche sans être vérifiées par personne, et sont acceptées comme articles de foi. »

CHAPITRE VII

L'année qui vit terminer le tableau de *la Cène*
de Sainte-Marie-des-Grâces fut marquée par une
révolution dans la patrie adoptive de Léonard
et par la chute du trône et la captivité de son
protecteur. Dès l'année 1498, Ludovic avait
appris, non sans inquiétude, que le roi de
France, Charles VIII, était mort, et que son successeur était ce même duc d'Orléans qui depuis
longtemps élevait des prétentions sur la souveraineté du duché de Milan, du chef de Valentine de Visconti, son aïeule; mais son inquiétude se changea en terreur lorsqu'il apprit que

le nouveau roi de France, Louis XII, avait joint
à ses autres titres ceux de roi de Naples et de
duc de Milan. Presque en même temps, il fut
informé que ce monarque cherchait à s'assurer
l'entrée de l'Italie par les alliances qu'il formait.
Il avait fait la paix avec l'empereur Maximilien
et les rois d'Espagne et d'Angleterre, avait gagné
le pape Alexandre VI par des bienfaits accordés
à son fils, César Borgia, qu'il avait nommé duc
de Valentinois, et à qui il avait fait épouser une
d'Albret, sœur du roi de Navarre; Venise et la
Savoie étaient aussi entrées dans l'alliance du
roi de France.

Ludovic le More, épouvanté du danger qui le
menaçait, cherchait vainement des alliés autour
de lui. La république de Florence, encore agitée
des troubles qu'avaient occasionnés les prédica-
tions de Savonarole, paraissait disposée à ne
prendre aucune part à la guerre de Lombardie;
le duc de Ferrare lui-même, le beau-père de
Ludovic, refusait de se compromettre pour son
gendre; Ludovic ne pouvait pas compter sur ses
propres sujets, qu'il avait accablés d'impôts et
qui ne demandaient qu'à être délivrés de sa
tyrannie. Se voyant abandonné de toute la *chré-
tienté*, il implora l'assistance de Bajazet II, empereur des Turcs; mais les ravages des hordes
ottomanes dans le Frioul ne servirent qu'à

rendre odieux *l'allié des infidèles* et n'arrêtèrent
pas les Français. Au mois d'août 1499, l'armée
française, commandée par trois vaillants et
habiles chefs, Stuart d'Aubigny, Jean-Jacques

Louis XII.

Trivulce, Lombard de naissance, proscrit autrefois par Ludovic Sforza, et Louis de Luxem-
bourg, comte de Ligny, commença l'invasion
du Milanais. Valence, Tortone, Voghera, Castel-
Nuovo, ouvrirent leurs portes aux Français. San-

6*

severino, général de Ludovic Sforza, s'enfuit d'Alexandrie, qu'il devait défendre; cette ville, Mortara et Pavie, se rendirent bientôt après, et le duc de Milan, perdant toute espérance de pouvoir résister, fit passer en Allemagne, par Côme et la Suisse, ses enfants, ses joyaux et deux cent quarante mille écus en or. Il confia le commandement du château de Milan à Bernardino da Costa, qui le rendit aux Français au bout de peu de jours. Le 2 septembre 1499, Ludovic le More se mit lui-même en route pour l'Allemagne, et tout le duché de Milan se soumit à Louis XII.

Le roi Louis, transporté de joie à la nouvelle des éclatants succès de ses lieutenants, accourut au delà des monts, et entra le 6 octobre, en grande pompe, dans sa *bonne ville de Milan*, aux cris de : *Evviva Francia!* poussés par des milliers de voix; tout le peuple, paré de la croix blanche, était sorti au-devant du nouveau souverain avec le cardinal-archevêque, le duc de Ferrare, le marquis de Mantoue, le comte de Caiazzo, les alliés, les voisins, les capitaines du prince détrôné. Louis reconnut le bon accueil des Milanais en réduisant notablement les énormes contributions que percevait Ludovic. Les Milanais, à leur tour, témoignèrent leur reconnaissance au roi par des marques d'affection qui paraissaient sincères et par des fêtes qui durèrent pendant tout le temps de son séjour à Milan, c'est-à-dire. environ trois semaines.

Pendant le même temps, Louis XII et son ministre, le cardinal Georges d'Amboise, visitèrent les églises et les principaux monuments qui décoraient Milan. Saisis d'une sincère admiration pour la civilisation italienne, ils prodiguèrent toutes les marques de faveur aux savants et aux artistes qui remplissaient alors la Lombardie.

Le cardinal d'Amboise était un juste appréciateur des œuvres de l'intelligence. Depuis qu'il était arrivé au pouvoir, il s'était fait en France le centre du mouvement de l'art, et avait exercé autour de lui une vivifiante influence : une des plus belles périodes de l'art français appartient entièrement au ministère de ce cardinal; on l'a trop longtemps absorbé dans le règne brillant de François Ier, qui, durant ses plus belles années, ne fit que continuer cette période en l'élargissant, et qui fit le premier pas dans la décadence quand il s'éloigna de cette tradition.

C'est surtout au voyage de Louis XII et de Georges d'Amboise à Milan, en 1499, qu'on peut rattacher le point de départ de cette première époque. Georges, qui exerçait déjà sur les ar-

tistes français un noble patronage, fut frappé
d'une profonde admiration à la vue de tant de
merveilles. Le Dôme et tant d'autres imposantes
constructions attirèrent et retinrent longtemps
son attention. *La Cène* du couvent de Sainte-
Marie, qui était alors dans tout l'éclat de sa fraîcheur, reçut plus d'une fois sa visite, et chaque
fois il y découvrait de nouvelles beautés qui
le remplissaient d'une admiration nouvelle. Il
voulut voir et s'attacher cet artiste étonnant, ce
savant incomparable, qui, régnant à la fois sur
l'idéal et sur la nature, peignait d'une main son
immortelle *Cène*, et de l'autre endiguait des
rivières, creusait des canaux, créait la science
de la direction et de la distribution des eaux.

Il fit appeler Léonard, qui depuis l'arrivée des
Français s'était tenu à l'écart, tremblant que
les *barbares*, — car c'est ainsi que les Italiens
appelaient les étrangers en général, et surtout
les Français depuis l'invasion de Charles VIII,
— ne fissent fermer son école et l'Académie,
comme étant une fondation de Ludovic le More,
et qu'il ne fût ainsi forcé de se séparer de ses
chers élèves, qu'il aimait comme ses enfants,
et dont il était aimé comme s'il eût été leur
père.

Mais il fut promptement rassuré par l'accueil
bienveillant que lui fit le cardinal. « Le roi de

France, lui dit Georges d'Amboise, non seulement n'entend pas que les arts et les artistes
aient à souffrir de la chute de Sforza, mais il
veut les entourer d'une protection plus puis-

Le cardinal Georges d'Amboise.

sante et plus réelle que celle que pouvait leur
donner le chef du dernier gouvernement. Re-
prenez vos travaux comme par le passé; conti-
nuez à former des élèves dignes de vous, dignes
du grand roi dont vous êtes aujourd'hui les
sujets; au titre de directeur de l'Académie des

beaux-arts, que vous continuerez à porter, vous joindrez le titre de *peintre du roi de France,* dont Sa Majesté m'a chargé de vous remettre le brevet. » Et, en disant ces mots, il lui remit le diplôme, scellé du sceau royal, qui lui conférait ce titre, avec le brevet d'une pension dont le montant s'élevait au double de celle que lui faisait Ludovic, et qui, depuis un certain temps, était fort mal payée, souvent même ne l'était pas du tout.

Léonard, profondément ému de tant de générosité, à laquelle il était si loin de s'attendre, adressa au cardinal les plus chaleureux remerciements, et le pria de porter au roi l'expression de sa reconnaissance.

« Il vaut mieux, reprit avec bonté Georges d'Amboise, que vous lui présentiez vous-même vos hommages et vos remerciements.

— C'est une faveur que je n'aurais pas osé demander; mais, puisque Votre Éminence m'y encourage, puis-je obtenir aussi celle de lui présenter en même temps mes élèves, dont la plupart sont aujourd'hui mes collaborateurs et les membres de notre académie?

— Certainement, et vous pouvez compter sur l'accueil bienveillant de Sa Majesté. »

Au jour et à l'heure indiqués, Léonard arriva au palais, accompagné d'un certain nombre de ses élèves, parmi lesquels nous citerons Francesco Melzi et Salaïno, ses plus anciens disciples et ses meilleurs amis; puis venaient Giovanni, Lorenzo, fra Giocondo et d'autres.

Louis XII reçut le maître et ses élèves avec cette bonté qui lui gagnait tous les cœurs et qui lui avait valu le beau surnom de *Père du peuple.* Tous sortirent enchantés de cette réception, et le cœur plein d'affection et de reconnaissance pour leur nouveau souverain.

A quelques jours de là, les magistrats de Milan voulurent offrir au roi une fête splendide. Léonard fut chargé, à cette occasion, de composer un intermède, selon l'usage du temps. Il construisit une pièce mécanique qui excita l'admiration générale : c'était un lion automate de grandeur plus que naturelle. Au milieu de la fête, l'animal fut introduit dans la grande salle du palais, au moment où le roi venait de s'asseoir sur son trône. Le lion s'avança jusqu'au milieu de la salle, où il s'arrêta; puis, se dressant sur ses pattes de derrière, il découvrit une large poitrine, qui, s'ouvrant tout à coup, laissa sortir un écusson aux armes de France. Louis fut enchanté de cette machine; il fit venir l'auteur, lui adressa de grands compliments, et s'entretint familièrement avec lui pendant quelques instants.

Ce fut probablement dans cet entretien que Louis XII proposa à Léonard de l'emmener en France, où il fonderait à Paris une académie comme celle qu'il avait établie à Milan; mais Léonard ne put se décider alors à quitter l'Italie. Le roi accueillit favorablement ses excuses, et ne lui en témoigna pas moins de bonté. Georges d'Amboise n'insista pas auprès de Léonard pour en obtenir ce qu'il avait refusé au roi; mais il lui demanda s'il n'y avait pas parmi ses élèves un bon architecte qui consentirait à le suivre en France, où il se proposait de l'employer pour l'achèvement de sa cathédrale de Rouen. Léonard lui parla de fra Giocondo, dominicain, qui n'hésiterait pas à accompagner Son Éminence, s'il en obtenait l'autorisation de ses supérieurs. Le cardinal obtint facilement cette permission, et fra Giocondo quitta Milan avec la cour de France. Les églises Notre-Dame et Saint-Ouen de Rouen conservent encore le souvenir et les traces des travaux de fra Giocondo.

Le roi, en quittant l'Italie pour retourner en France, avait donné le gouvernement du Milanais à Jean-Jacques Trivulce. Il avait cru se rendre agréable à ses nouveaux sujets en déléguant son autorité à un de leurs compatriotes. Malheureusement Trivulce, excellent capitaine,

était un mauvais politique; au lieu de gouverner
en lieutenant du roi de France, il usa de son
autorité en chef de parti : il réveilla les vieilles
haines entre les Guelfes et les Gibelins; des
mécontentements se manifestèrent de différents
côtés. Le parti de Ludovic Sforza se releva avec
une extrême rapidité, et un vaste complot fut
ourdi dans tout le duché en faveur du prince
dépossédé. Ludovic, averti de ce qui se passait,
était en mesure de mettre à profit ce retour à
l'opinion, grâce aux trésors qu'il avait emportés
en Allemagne. Il avait pris à sa solde une armée
de huit mille Suisses, avec laquelle lui et son
frère, le cardinal Ascagne, entrèrent en campagne dès le mois de janvier de l'an 1500; à la
fin de ce mois ils s'emparèrent de Côme, et
bientôt après de Milan, de Pavie, de Parme et
de Novare.

Là s'arrêtèrent les succès de Ludovic. Tandis
qu'il assiégeait la citadelle de Novare, une armée
française, commandée par la Trémoille, arri-
vait en Piémont, et bientôt venait l'envelopper
devant Novare. Les Suisses de Ludovic décla-
rèrent qu'ils ne se battraient pas contre leurs
compatriotes de l'armée française. Ils demandèrent et obtinrent une capitulation pour sortir
de Novare et retourner dans leur pays. Ludovic, plutôt que de demeurer abandonné dans

une ville asssiégée, prit les habits d'un soldat
suisse et essaya de sortir avec eux; mais un
Suisse du canton d'Uri, nommé Rodolphe Thur-
mann, le fit connaître aux Français, qui le
firent prisonnier. La Trémoille l'envoya au château de Pierre-Encise, à Lyon, d'où il fut trans-
féré au Lis-Saint-Georges en Berri, et enfin
dans le château de Loches, où il mourut après
dix ans de captivité. Le cardinal Ascagne Sforza,
frère de Ludovic, arrêté quelque temps après
par les Vénitiens, fut livré aussi aux Français.
Il fut envoyé prisonnier à la tour de Bourges,
recouvra sa liberté en 1503, et mourut à Rome
en 1505.

L'armée victorieuse de la Trémoille ayant
soumis toute la Lombardie, le cardinal d'Amboise, muni des pleins pouvoirs du roi, *pour
traiter de la réconciliation des villes rebelles,*
entra dans Milan le 17 avril, accompagné d'une
nombreuse escorte. La consternation régnait au
sein de cette grande ville; deux députations successives avaient été expédiées vers le cardinal,
et accueillies par des paroles sévères et mena-
çantes. Georges d'Amboise se rendit en solennel
appareil à la maison de ville, où une longue
procession d'hommes, de femmes et d'enfants,
vêtus de blanc et la tête nue en signe d'humilité, vinrent requérir merci. Le cardinal d'Am-

boise n'avait voulu qu'effrayer, et, suivant en
cela les instructions du roi son maître, il n'abusa
point de la victoire : il pardonna à Milan au
nom de son seigneur Louis; seulement cette ville
et les autres cités rebelles furent soumises à
des amendes modérées pour le payement des
frais de l'expédition. Jean-Jacques Trivulce fut
remplacé dans le gouvernement de la Lombardie par Charles d'Amboise, seigneur de
Chaumont, neveu du cardinal Georges d'Amboise : c'était un homme affable, prudent et
ferme, qui méritait de partager la haute faveur
de son oncle. Aussi il ne tarda pas à faire
bénir son administration par les peuples, et
bientôt toutes traces de la rébellion eurent disparu.

Charles d'Amboise, comme son oncle, aimait
les beaux-arts et protégeait les artistes; aussi
un de ses premiers soins fut d'inviter Léonard
de Vinci à revenir à Milan reprendre ses fonctions à la tête de l'Académie; car, au moment
des troubles qui avaient éclaté en Lombardie,
Léonard, voyant le parti de Ludovic triompher,
avait quitté Milan pour retourner à Florence,
ne se souciant pas, comme on le pense bien, et
même comme il en avait été secrètement averti,
de se retrouver en présence de son ancien protecteur, qui lui aurait fait un mauvais parti pour

avoir accepté le titre et la pension de peintre du roi de France.

Léonard s'empressa de répondre à l'invitation du nouveau gouverneur de Milan ; mais les troubles avaient dispersé ses élèves, et il n'avait plus d'auditeurs pour suivre ses cours. En attendant qu'il pût reprendre ses travaux habituels, César Borgia, duc de Valentinois, lui offrit la place d'inspecteur général et d'ingénieur en chef de toutes les places fortes dont le roi Louis XII lui avait assuré la possession. Léonard, après en avoir obtenu l'agrément du lieutenant du roi de France, accepta cet emploi. Sa mission consistait à visiter ces places, et les ingénieurs particuliers attachés à chacune d'elles étaient tenus de lui obéir et d'exécuter à la lettre tous ses plans de fortifications.

Il passa ainsi près de trois ans à parcourir l'Italie, profitant de ses fonctions d'ingénieur militaire pour observer avec une attention scrupuleuse ce qui s'offrait à ses regards, tout ce qui pouvait susciter dans son intelligence la création d'une théorie nouvelle ou l'application d'une théorie déjà connue, depuis la fontaine de Rimini, dont les eaux, en tombant dans la vasque, éveillaient en lui des idées musicales, jusqu'aux ondes marines de Piombino, dont la succession suggérait à son esprit inventif de

nouvelles formules scientifiques. Pourquoi re-
nonça-t-il au service de César Borgia? nous ne
le savons pas, à moins que ce ne fût pour
répondre aux sollicitations de sa ville natale,
qui regrettait qu'il l'eût quittée autrefois, et
voulait le venger de l'indifférence des Médicis.
En effet, le sénat de Florence, sur la demande
du gonfalonier Soderini, chargea Léonard de
Vinci et Michel-Ange de peindre la salle du
conseil de la seigneurie. On sait à quel point ces
deux hommes célèbres se piquèrent d'émulation,
et à quel degré de supériorité ils s'élevèrent
sans pouvoir se surpasser. Ce fut cette rivalité
qui donna naissance aux deux magnifiques cartons[1] dont il est tant parlé dans l'histoire de la
peinture. Celui de Léonard de Vinci représentait
la défaite de Piccinino, capitaine général du duc
de Milan, à la bataille d'Anghiari, livrée en 1440
et gagnée par l'armée florentine. On y admirait
particulièrement un groupe d'hommes à pied
et à cheval qui, dans les attitudes les plus har-

---

[1] Nous croyons devoir donner ici, pour ceux de nos lecteurs
qui ne la connaîtraient pas, l'explication de cette expression
technique. On entend, en peinture, par carton un dessin exécuté
sur un fort papier ou sur du carton, pour servir de patron à
divers ouvrages, tels que la peinture à fresque, la tapisserie,
la mosaïque, etc., et fait dans les mêmes dimensions que les
ouvrages à l'exécution desquels on veut les appliquer. Le carton
est toujours l'œuvre du maître, tandis que l'application peut
être faite par d'autres que par lui.

dies, se disputaient avec rage la possession d'un drapeau déchiré. Le carton de Michel-Ange avait pour sujet un épisode de la guerre de Pise[1] : l'armée de Florence surprise par une fausse alerte au moment où elle se baigne dans l'Arno. Tous les soldats s'empressent au même instant de sortir de l'eau, ce qui fournit au peintre une occasion de montrer ses connaissances anatomiques. De son côté, Léonard excellait à peindre les chevaux; ainsi chacun d'eux avait choisi le sujet le plus en rapport avec son talent.

Le suffrage des artistes demeura suspendu entre ces deux chefs-d'œuvre; mais on doit considérer qu'à l'époque de cette lutte mémorable, il y avait une extrême disproportion d'âge entre les deux rivaux, et qu'il était doublement glorieux pour Léonard, déjà avancé en âge, de n'être pas vaincu par Michel-Ange, à peine arrivé à trente ans, et dans toute la force de son talent. Il ne nous est malheureusement pas possible d'apprécier le mérite de ces deux célèbres cartons : l'un et l'autre paraissent avoir été détruits dans les guerres dont la Toscane fut si longtemps le théâtre.

On sait que Raphael, occupé à Sienne des

---

[1] Voir *la Jeunesse de Michel-Ange*, un vol. in-12, publié par A. Mame et fils, à Tours.

peintures de la bibliothèque, dont il avait fourni
les cartons à son condisciple Pinturicchio, vint
à Florence pour étudier le carton de Léonard,
exposé dans le palais de la seigneurie, en même
temps que le carton de Michel-Ange, dont le
sujet était pareillement tiré de l'histoire toscane. Thomas Lawrence possédait un dessin
de Raphael, dans un coin duquel le jeune
élève du Pérugin avait reproduit à la plume un
épisode du carton de Léonard. C'est la seule
trace qui ait survécu de cette œuvre importante.

Malheureusement, à l'occasion de ces cartons,
ce qui est certain, c'est que les partisans de
Michel-Ange et Michel-Ange lui-même ne se
piquèrent pas de bons procédés envers Léonard
de Vinci, qui, de son côté, ne voyant pas peut-
être sans inquiétude croître près de lui un talent
capable de lui disputer la prééminence du génie,
prit le parti de s'éloigner.

Léonard retourna à Milan; Charles d'Amboise
l'employa à de nouveaux travaux pour l'achèvement du canal Martesana et de quelques autres
nécessaires pour compléter la navigation dans
cette partie de la Lombardie. Il lui assigna un
revenu assez considérable sur le produit net de
ces canaux.

Ces divers travaux l'occupèrent pendant quatre

à cinq ans. Il habitait pendant ce temps-là une belle maison de campagne voisine de Milan, dite Vaprio, appartenant à son élève et son ami Francesco Melzi. Là il se livrait, pendant ses moments de loisir, à écrire ses volumineux manuscrits, qui formaient une véritable encyclopédie. C'est aussi à cette époque que quelques-uns de ses biographes placent la confection de divers tableaux qui n'ont pas été conservés, et d'une foule de dessins éparpillés depuis dans les musées et les portefeuilles de quelques riches amateurs. C'est aussi pendant son séjour à Vaprio qu'il peignit, sur les murs du palais de son ami Melzi, une vierge colossale dont la tête avait six palmes de haut. Les contemporains parlent de cette production, détruite aujourd'hui, comme d'une œuvre fort belle et qui excita l'admiration générale.

Les guerres qui troublaient alors la Lombardie déterminèrent Léonard à retourner encore à Florence. Ce fut alors qu'il composa, pour l'église des Servi, le carton d'une *sainte Famille*, représentant la Vierge sur les genoux de sainte Anne avec le Christ et saint Jean. Ce carton fut pendant plusieurs jours la grande affaire de Florence. La foule se pressait au couvent des Servi pour admirer l'œuvre de Léonard, et cette œuvre n'a jamais été exécutée par l'auteur

du carton. Il paraît d'ailleurs que la pensée pri-
mitive de cette composition a été plusieurs fois
modifiée; car Milan, Londres et Paris, nous la
présentent sous des formes diverses et avec
d'égales garanties d'authenticité.

CHAPITRE VIII

Pendant ce dernier séjour de Léonard à Florence, de grands événements s'étaient accomplis en Lombardie. Les Français avaient succombé par suite de la ligue formée contre eux par le pape Jules II, et avaient été forcés d'évacuer Milan; Maximilien Sforza, fils aîné de Ludovic le More, avait été rappelé dans sa patrie et rétabli dans le duché de Milan (novembre 1512).

Privé de son puissant protecteur, il espéra bientôt en retrouver un autre dans le pape Léon X, de la famille des Médicis, qui venait d'être élu à la place de Jules II, ou plutôt de Pie III, dont le règne n'avait duré que vingt-cinq jours. Dans cet espoir, il accompagna à Rome Julien de Médicis, qui était appelé dans cette capitale pour assister à l'exaltation de son frère Léon X.

On raconte que, dans le trajet, Léonard divertissait son illustre compagnon de voyage par une foule d'inventions ingénieuses, et qu'il composa, entre autres choses, des oiseaux mécaniques qui s'élevaient dans les airs. Il est à remarquer que, dans ses écrits, Léonard revient souvent sur la possibilité de procurer à l'homme une faculté semblable, au moyen de machines tenues en équilibre contre les impulsions du vent. On voit par là que Léonard s'est aussi occupé du fameux problème, tant agité de nos jours, de la locomotion aérienne au moyen d'un mécanisme *plus lourd que l'air :* il serait curieux d'examiner, — et les personnes qui s'occupent aujourd'hui si activement de cette question ne manqueront pas sans doute de le faire, — jusqu'à quel point de Vinci s'est approché de la solution de ce problème.

A peine arrivé à Rome, il eut l'honneur d'être admis à l'audience du souverain pontife. Ce prince, un des plus éclairés et des plus illustres protecteurs des arts, ne fit pas à Léonard de Vinci l'accueil qu'aurait dû attendre un si grand artiste; soit que Léon X eût été prévenu secrètement par les partisans de Michel-Ange contre l'illustre auteur de *la Cène,* dont ils critiquaient avec affectation l'exécution lente et scrupuleuse; soit que, dans cette cour brillante par le goût et l'élégance, on eût été choqué de la tenue presque négligée de Léonard; car, nous devons en faire l'observation, autant il avait soigné sa parure dans le temps où il joignait à la beauté remarquable de son extérieur les goûts de la jeunesse, autant vers la fin de sa carrière, et après les chagrins qu'il avait éprouvés, il montrait d'éloignement pour la recherche des habillements. De plus, il avait laissé croître ses cheveux, et une longue barbe blanche qui lui descendait jusque sur la poitrine lui donnait l'air d'un vieux druide; soit enfin que son titre de *peintre du roi de France,* et l'attachement qu'il avait montré pour le parti français depuis l'arrivée de Louis XII à Milan, eussent déplu dans un moment où les Français étaient vus de mauvais œil par toute l'Italie. Quoi qu'il en soit de ces motifs ou de tout autre resté inconnu, le fait est que l'accueil qu'il reçut à la cour fut assez froid, et que peut-être il eût quitté Rome sur-le-champ s'il n'eût trouvé un dédommagement dans la recherche empressée dont il fut l'objet de la part d'une foule de seigneurs et de personnages de distinction.

Cependant Léon X lui commanda divers travaux, entre autres une *sainte Famille* pour une princesse de Savoie, fiancée à son frère Julien. Un jour, ayant appris que le grand artiste s'occupait d'opérations chimiques dont l'objet était de composer un nouveau vernis pour ce dernier tableau, qu'il n'avait pas encore commencé : « Cet homme, dit le pontife, ne finira jamais rien, puisqu'il pense à la fin de son ouvrage avant de l'avoir commencé. »

Cette observation peu bienveillante ne manqua pas d'être rapportée à Léonard : « Allons, répondit-il avec une amère résignation, j'ai beau faire, je le vois bien, je n'obtiendrai jamais les bonnes grâces d'un Médicis. »

Cependant le tableau destiné à la belle-sœur de Léon X fut achevé, et, s'il faut en croire Amoretti, il serait aujourd'hui passé en Russie. « Du reste, si Léonard renonça au plus grand nombre des travaux qui lui étaient offerts ou promis, il ne quitta cependant pas Rome sans y laisser une trace durable de son savoir et de son génie. *La Vierge* de Sant-Onofrio est, en effet, une des plus charmantes créations de son pinceau. Si cette Vierge, comme on le prétend, a été retouchée par Palmaroli, il faut convenir que la retouche a été exécutée avec une discrétion, une prudence, une réserve à laquelle nous

ne sommes pas habitués. Retouchée ou non par Palmaroli, — et j'avoue qu'il ne m'a pas été possible de vérifier cette assertion, — *la Vierge* de Léonard, peinte à fresque au fond d'une galerie du couvent, mais très bien éclairée, placée sous verre comme une relique, est aujourd'hui encore d'une fraîcheur admirable, quoiqu'elle soit achevée depuis trois cent trente-six ans[1]... »
Il y a dans *la Vierge* de Sant-Onofrio une grâce, une pudeur, une béatitude, une suavité de sourire, que Léonard n'a jamais surpassées. Le Christ placé dans les bras de sa mère ravit par son enjouement enfantin. Quant au donateur, dont le nom n'est pas venu jusqu'à nous, et dont la tête figure dans cette composition, sa physionomie exprime heureusement un mélange de bonhomie et de gravité.

C'est à ce même voyage de Rome qu'on rapporte *la Ginevra* d'Amerigo Renci, dont la trace est aujourd'hui perdue, et le célèbre portrait de *Monna Lisa del Giocondo*, connue sous le nom de *la Joconde*, portrait que François Ier paya quatre mille écus d'or, et qui est aujourd'hui placé dans la galerie du Louvre. Selon l'opinion de M. Planche, *la Monna Lisa* résume le savoir

---

[1] Gustave Planche, *Portraits d'artistes*, tome Ier, p. 116. (Cet article a été publié en 1850 ou 1851)

entier de Léonard. « Toutes les études, tous
les efforts du maître se trouvent, selon lui,
résumés dans cet incomparable morceau. » Il
fait d'abord justice de l'assertion de Vasari,
qui prétend que Léonard travailla quatre ans à
ce portrait. « C'est, dit-il, une de ces hâbleries
si communes chez le biographe toscan, comme
chez son compatriote Benvenuto Cellini, qu'il
ne faut pas prendre au sérieux. Que Léonard,
qui, dans l'espace de trois ans, a peint le Christ
et les douze Apôtres à Sainte-Marie-des-Grâces,
ait employé quatre ans à peindre *Monna Lisa*,
je ne le croirai jamais. C'est un conte bon tout
au plus pour amuser les enfants. » D'autres
biographes prétendent qu'il n'employa à cette
œuvre guère plus de quatre mois. Ce temps serait suffisant, quoique déjà un peu long. Mais
on doit se souvenir que Vinci observait plus
qu'un autre la maxime *Festina lente*, et que,
vers la fin de sa carrière surtout, ses soins pouvaient paraître trop minutieux. Cette lenteur, au
surplus, ne prouvait que l'extrême sévérité de
son goût, qui, aspirant sans cesse à la perfection, ne se trouvait jamais satisfait.

Vasari ajoute que, pour dissiper l'ennui que
de trop longues séances auraient pu causer
à cette dame, Léonard tenait toujours près
d'elle des chanteurs, des joueurs d'instruments

ou quelques personnages d'humeur facétieuse. M. Planche admet volontiers cette particularité. « Qu'il ait égayé, dit-il, son modèle par une musique agréable et variée, à la bonne heure, je le crois volontiers, et le divin sourire qui rayonne dans les yeux et sur les lèvres de Monna Lisa donne à cette assertion de Vasari une pleine vraisemblance. La couleur de cet admirable portrait, peint sur bois, a singulièrement changé depuis trois siècles. D'après le témoignage des contemporains, les yeux humides, les lèvres vermeilles luttaient d'éclat et de réalité avec la nature même. Le sang courait sous la peau et se laissait deviner. Aujourd'hui, par l'altération de la couleur, toutes ces merveilles ont disparu; mais, par une combinaison de circonstances difficiles à expliquer, cet admirable portrait, tout en perdant ses couleurs primitives, a conservé une délicieuse harmonie. Le ton des chairs est maintenant d'un gris bleu; le front, les joues et les mains ne laissent plus deviner le sang qui court sous la peau, les yeux ont perdu leur humidité veloutée, la bouche son incarnat, et pourtant, malgré ces altérations profondes, la beauté de Monna Lisa est restée ce qu'elle était il y a plus de trois siècles, un prodige de grâce, de jeunesse et de sérénité. Le regard légèrement ironique, les fossettes

La Joconde (tableau de Vinci).

placées au coin de la bouche donnent à la physionomie de Monna Lisa un accent incomparable qu'on n'a jamais dépassé. Les mains sont
modelées avec une finesse et une élégance qui
ne laissent rien à désirer. Les cheveux, le cou,
la poitrine, sont traités avec une précision déses-
pérante; l'œil ne se lasse pas de contempler ce
beau visage qui respire le bonheur, où les passions n'ont encore gravé aucune ride, mélange
idéal de jeunesse, d'intelligence et de bonté.

« Tout a changé depuis trois siècles, et tout
est demeuré, après le changement, si parfaitement harmonieux, qu'à peine l'œil s'aperçoit-il
des altérations profondes que la couleur a su-
bies, et dont le temps n'est pas seul responsable;
car bien des œuvres antérieures au portrait de
Monna Lisa ont gardé leur fraîcheur et leur
nouveauté. Toutefois, si le portrait de Monna
Lisa n'a plus aujourd'hui la fraîcheur et l'éclat
qui éblouissaient Rome au commencement du
XVIe siècle, c'est toujours un modèle de dessin,
un des *masques* les plus fins qu'on puisse citer
dans l'histoire entière de la peinture. »

La Vierge sur les genoux de sainte Anne, que
nous voyons au musée du Louvre, peinte d'après
le carton composé par Léonard pour l'église des
Servi, comme nous l'avons dit plus haut, est
l'œuvre d'un de ses élèves, probablement Sa-

laïno ou Luini ; car nous savons que François Ier a vainement insisté pour que Léonard exécutât lui-même ce carton, qu'il avait apporté de Florence.

Les autres œuvres du même maître que nous possédons à Paris sont : le portrait de Charles VII, composé à Milan pour Ludovic le More ; le portrait d'une femme inconnue, qui s'est appelée tour à tour, sans fondement, *Anne de Boleyn* et *la belle Ferronnière*, et qui maintenant s'appelle, sans plus de preuve, *Lucrezia Crivelli* ; un *saint Jean-Baptiste* ; une *sainte Famille*, vulgairement appelée *la Vierge aux rochers* ; *l'archange saint Michel* présentant à Jésus-Christ la balance des bonnes et des mauvaises actions ; *Jésus recevant la croix de jonc* que saint Jean lui présente. Mais, bien que toutes ces œuvres se recommandent par des qualités éminentes, elles ne méritent pas de fixer l'attention au même degré que le portrait de Monna Lisa ; presque toutes d'ailleurs ont subi des retouches fâcheuses, depuis *le saint Jean* jusqu'à *la Vierge aux rochers*.

Parmi les autres œuvres de Léonard qui se trouvent dans différents musées, nous citerons seulement une *Tête de Méduse*, placée dans la galerie des Offices de Florence, œuvre de la première manière de cet artiste, et qu'il com-

posa avant son premier voyage de Milan. Ce
tableau, conçu d'après les données de la fameuse rondache dont nous avons parlé, qui
peut-être lui en a fourni la première idée, est
un digne sujet de méditation. Écoutons ce que
M. Planche dit de cet ouvrage.

« La tête de *la Méduse* est à la fois belle et
terrible; regard flamboyant, serpents entrelacés
dans la chevelure, lèvres imprégnées de poison,
haleine qui souffle la mort, rien ne manque à
cette épouvantable méduse, et pourtant Léonard, avec un art que je ne saurais trop louer,
a réuni le sentiment de l'épouvante et le sentiment de la beauté. C'est pour la réunion, pour
le développement simultané de ces deux senti-
ments, qui ne peuvent se séparer dans l'âme
du spectateur, que j'admire *la Méduse*. Il y a
certainement dans la série de ses œuvres plus
d'un morceau que je préfère à *la Méduse*; mais,
dans toute la durée de sa longue carrière, il n'y
en a pas un qui révèle d'une façon plus évi-
dente l'ardent amour que Léonard portait à la
beauté. Un peintre nourri dans d'autres traditions, élevé dans une autre école, se fût fait une
fête d'épouvanter le spectateur par le désordre
et la laideur, par les mouvements convulsifs
de la physionomie. Léonard, dont la beauté,
l'élégance et la grâce, formaient la préoccu-

pation constante, n'a vu, et je l'en remercie,
dans la tête de Méduse que la solution d'un
problème digne de sa haute intelligence, la
conciliation de l'épouvante et de l'admiration.
Il est impossible, en effet, d'effacer de sa mémoire cette tête si finement, si profondément
conçue. Le regard immobile et le sourire mena-
çant de cette Méduse demeurent gravés dans
notre âme, et défient toutes les distractions. Il
y a dans ce visage demi-viril, demi-féminin, un
accent de vengeance et de passion qui fascine,
qui enchaîne l'attention. Quoi qu'on fasse, il
faut, bon gré, mal gré, se souvenir de cet admirable et terrible visage. A ne considérer ce
morceau qu'au point de vue purement esthétique, il est certain qu'il serait plus beau si
l'auteur eût consenti à ne pas traiter toutes les
parties de son œuvre avec le même soin, la
même diligence : le sacrifice des éléments secondaires eût relevé la valeur des éléments principaux; mais, si nous voulons tenir compte du
temps où cette œuvre fut achevée et nous souvenir de l'âge de l'auteur, qui, selon toute pro-
babilité, n'avait guère alors que trente ans,
nous sommes forcés d'admirer le zèle qu'il a
porté dans toutes les parties de sa composition,
bien que ce zèle soit partout prodigué avec trop
d'entraînement. Les serpents entrelacés dans

la chevelure de Méduse pourraient sans inconvénient être éclairés d'une lumière moins abondante ; c'est une pensée qui se présente naturellement à tous les esprits, et qui n'admet pas même la discussion. Oui, sans doute ; mais quelle prodigieuse élégance dans la forme des lèvres ! Quelle terreur dans la profondeur des orbites, dans l'enchâssement des yeux, dans l'immobilité du regard ! et comme le soin excessif que l'auteur a porté dans l'exécution des moindres détails disparaît devant l'expression puissante de cette tête si terrible et si belle ! Quant à moi, je le confesse, parmi les œuvres de Léonard, il en est bien peu qui m'aient enseigné aussi clairement, je ne dirai pas le secret de son génie, mais le secret du charme qui s'attache à toutes les manifestations de sa pensée. Je ne crains pas de le dire, il y a dans *la Méduse* du palais des Offices le germe de *la Joconde* que nous admirons au Louvre ; si ce dernier ouvrage est revêtu d'une perfection plus éclatante, s'il révèle un savoir plus profond, une connaissance plus intime et plus complète de la forme et de la grâce, il est permis d'affirmer que *la Méduse* présage *la Monna Lisa* [1]. »

Quoique Léonard ait cultivé avec un égal bon-

[1] Gustave Planche, *Portraits d'artistes*, t. Ier, p. 98.

heur les trois arts du dessin, il nous est bien difficile d'apprécier son mérite comme architecte et comme sculpteur. Où sont les monuments qu'il a bâtis? Les armées de Louis XII et de François Ier les ont renversés. Comme statuaire, son colosse de Milan suffirait à sa réputation; mais nous avons vu comment il avait péri avant d'être achevé. On lui attribue, en outre, un *saint Jérôme* en haut relief, qui existe encore à Florence, et le dessin modèle des trois statues qui, dans la cathédrale de cette ville, décorent le portail du baptistère, et qui ont été exécutées par Francesco Rustici. C'est donc surtout comme peintre que Léonard appartient à l'histoire de l'art et qu'il y occupe une des premières places.

CHAPITRE IX

LÉONARD EN FRANCE — SA MORT — JUGEMENTS
SUR CET ARTISTE

Léonard, malgré les témoignages flatteurs
qu'il recevait d'un grand nombre de hauts personnages, était humilié de la froideur que lui
montrait Léon X, et dégoûté du séjour de Rome.
Il fit plusieurs voyages à Florence, à Parme;
puis il revint à Rome au commencement de
l'année 1515. Là il apprit avec douleur la mort
de son puissant protecteur Louis XII; mais
bientôt il devait trouver dans son successeur un
protecteur non moins bienveillant. En effet,
le nouveau roi de France, François Ier, était
un prince passionné pour tous les genres de
gloire, pour celle des arts et des lettres, comme
pour celle des armes. Tous les souverains de ce

siècle, il est vrai, honoraient et protégeaient
les arts par goût ou par politique : on sait les
témoignages de considération qu'accordèrent
Maximilien à Albert Dürer, Henri VIII à Holbein, Charles-Quint au Titien; mais aucun prince
étranger à l'Italie ne mit, dans ses rapports avec
les artistes, autant de grâce, d'effusion et de
sympathie sincère que François Ier. François
aimait les arts et les artistes, non pas seulement comme roi, mais comme homme. Rien
n'est plus honorable pour lui que ses relations
avec Léonard de Vinci. Avec une tendresse toute
filiale, il voulut mettre enfin la vieillesse de ce
grand homme à l'abri des amertumes qui avaient
souvent gâté ou interrompu son bonheur. Léonard, qui avait autrefois résisté à une semblable
invitation faite par Louis XII, se laissa séduire
par les royales propositions d'un prince qui
l'appelait son père.

Vers la fin de l'année 1515, Léonard de Vinci,
accompagné de son cher Francesco Melzi, dit
adieu à l'Italie et s'achemina vers la France. Il
se rendit d'abord à Fontainebleau, où se trouvait la cour. François Ier lui fit l'accueil le plus
honorable, lui donna le brevet de *premier peintre
du roi,* avec une pension de sept cents écus d'or,
et lui assigna pour résidence le château de Clos,
à Amboise, en lui disant gracieusement : « Je

vous ai choisi cette résidence, parce que le climat et le ciel de la Touraine me paraissent plus propres qu'aucune autre province de mes États à vous rappeler le climat et le ciel de votre patrie. »

Léonard alla donc habiter Amboise, et y resta jusqu'à l'époque de sa mort, arrivée le 2 mai 1519. On ne cite aucun ouvrage qu'il ait produit dans cette retraite, où les infirmités de la vieillesse altérèrent sensiblement ses forces physiques et morales. On voit seulement, par le troisième de ses manuscrits, déposé à la Bibliothèque nationale, qu'il était chargé d'ouvrir un canal qui devait passer par Romorantin, où il se rendit, en effet, avec le roi et la cour, en janvier 1518, pour s'entendre sur les dispositions qu'il faudrait prendre pour commencer cette grande entreprise. Mais la santé du grand artiste italien alla en déclinant, et bientôt il ne lui resta plus qu'à se préparer à la mort.

Le 18 avril 1518, il fit son testament, qui contient sa profession de foi : c'est celle d'un chrétien qui respire la plus grande charité pour les pauvres. Après avoir recommandé son âme à Dieu, à la glorieuse Vierge Marie et à tous les bienheureux saints et saintes du paradis, et avoir exprimé le désir d'être enterré dans l'église Saint-Florentin d'Amboise, il institua son héritier Francesco Melzi, gentilhomme milanais, qui l'avait suivi en France, et qui l'assista à ses derniers moments.

La tradition raconte, et beaucoup d'auteurs l'ont répété comme un fait constant, qu'il rendit le dernier soupir dans les bras de François Ier. « Comme il touchait à sa dernière heure, dit Vasari, et qu'il venait de recevoir l'extrême-onction, le roi, qui le visitait assidûment, survint. Léonard, en présence de François Ier, *demanda pardon à Dieu et aux hommes de n'avoir pas fait pour son art tout ce qu'il aurait pu...* Tout à coup il fut pris d'un paroxysme avant-coureur de la mort. Le roi, pour tâcher de le soulager, lui soutint la tête et l'appuya contre sa poitrine, et Léonard expira dans les bras de François Ier. » Landon, auteur d'une *Vie des peintres,* raconte ainsi cet événement : « Cet « homme célèbre, aussi recommandable par « ses vertus que par ses talents, fut tellement « touché de la bonté du monarque français qui « venait le visiter, que, se soulevant avec peine « pour lui témoigner son respect, il retomba « mourant entre les bras du prince. » Félibien ne parle de ce fait que comme d'un ouï-dire; mais d'Argenville et beaucoup d'autres, parmi lesquels nous devons compter M. Henri Martin (dans son *Histoire de France,* t. IX, p. 52), le

Mort de Léonard de Vinci (tableau d'Ingres).

rapportent comme certain. Un de nos peintres
du siècle dernier, Ménageot, a composé sur ce
sujet un grand tableau d'histoire qui, à l'expo-
sition de 1781, obtint le plus brillant succès,
et dont une copie fut exécutée en tapisserie à
la manufacture des Gobelins. Enfin l'on cite, à
l'appui de ce fait, cette épitaphe latine rapportée
par Vasari :

Leonardus Vincius : quid plura ? Divinum ingenium
Divina manus
Emori in sinu regio meruere.
Virtus et fortuna hoc monumentum contingere
Gravissimis impensis curaverunt.

On ajoute encore, pour corroborer ce fait,
que François Ier, en se rendant chez Léonard
pour lui faire cette dernière visite, crut lire une
surprise dédaigneuse sur la figure des courtisans qui l'accompagnaient; il leur dit de ne pas
s'étonner : « Car, ajouta-t-il, je puis faire des
nobles quand je veux, et même de très grands
seigneurs; Dieu seul peut faire un homme comme
celui que nous allons perdre. » On prête, il est
vrai, ce mot à tant d'autres princes, qu'il serait
difficile de dire s'il appartient réellement à
François Ier.

Malgré ces témoignages plus ou moins au-
thentiques, un homme qui s'est occupé avec le

plus de soin de recueillir dans les écrits de Léonard de Vinci tout ce qui peut jeter du jour sur ce qui concerne cet artiste, J.-B. Venturi, professeur de physique à Modène, révoque en doute cette dernière visite de François Ier à Léonard au moment de sa mort, et il cherche à établir par un *alibi* l'impossibilité matérielle de cette visite. Il fonde son opinion sur ce qu'au moment de cet événement la cour était à Saint-Germain-en-Laye, où la reine venait d'accoucher; que les ordonnances du 1er mai, signées de la main du roi, sont datées de ce lieu, et que le journal de la cour ne fait mention d'aucun voyage du roi avant le mois de juillet. Il ajoute que l'élection prochaine à l'Empire occupait trop François Ier pour lui permettre de s'éloigner du centre des négociations; et, enfin, que Melzi, l'élève et l'héritier de Léonard de Vinci, en annonçant aux frères de ce grand peintre la nouvelle de sa mort, ne dit pas un mot dans sa lettre d'une circonstance qui eût si vivement intéressé sa famille [1].

Il y a des choses vraisemblables qui équivalent à la réalité. Léonard de Vinci était digne d'un tel honneur, et l'intérêt vif que François Ier

[1] *Essai sur les ouvrages physico-mathématiques de Léonard de Vinci :* mémoire lu à l'Institut national de France, par J.-B. Venturi, professeur de physique à Modène, an V (1797).

a toujours montré pour les arts, les artistes, et pour Léonard en particulier, est cause que l'erreur signalée par Venturi, il y a soixante-dix ans, n'a pas encore été complètement détruite et le sera difficilement.

Ce que nous savons, au reste, de plus authentique sur sa mort, à laquelle il se préparait depuis longtemps, c'est qu'il reçut avec une piété exemplaire les sacrements de l'Église, qu'il fut enterré à Saint-Florentin d'Amboise, comme il l'avait demandé, et que, toujours d'après son désir, son corps resta pendant trois jours exposé sur son lit funèbre, et que durant ce temps on célébra dans chacune des trois églises d'Amboise trois grand'messes et trente messes basses pour le repos de son âme.

Les auteurs qui ont écrit la vie de Léonard se sont généralement accordés sur son caractère. Il payait son tribut à l'humanité par une susceptibilité d'amour-propre qui ressemblait quelquefois à de la jalousie; mais, outre qu'il avait des manières gracieuses et des ressources inépuisables dans l'esprit pour converser avec succès sur toutes sortes de matières, on lui reconnaissait généralement des mœurs pures, une âme noble et généreuse et une douce philosophie. Son goût pour la méditation était tel, qu'il ne voulut jamais se marier, craignant de trouver dans la vie conjugale trop de sujets de distraction.

La haute célébrité qu'il s'était acquise n'a pas souffert des outrages du temps. Si plusieurs de ses tableaux sont perdus, si d'autres ont été altérés par diverses causes ou gâtés par des retouches grossières, nos artistes n'en révèrent pas moins en lui le premier des peintres modernes qui ait eu le sentiment du beau et en ait su fixer les principes. Quelques-uns le comparent à notre Boileau (*ut pictura poesis*); et ce parallèle, quoiqu'un peu forcé, ne laisse pas d'être juste à quelques égards. En effet, ces deux hommes, également doués d'un goût sévère, également épris de la perfection, ayant eu au même degré le mérite de réunir, dans le très petit nombre de leurs productions, les grands exemples aux bons conseils, sont pour jamais devenus classiques par leurs ouvrages et leurs doctrines. Il y a entre eux cependant cette différence que Vinci avait au plus haut degré le génie de l'invention, et n'était pas loin de posséder l'universalité des talents.

Né vingt-six ans avant Michel-Ange, trente et un ans avant Raphael, il n'a certainement exercé aucune action sur le premier; le carton de *la Bataille d'Anghiari* n'a pas laissé de trace dans *le Jugement dernier*. Michel-Ange a pour-

suivi sa route sans s'inquiéter de la méthode
suivie par son rival; mais il est incontestable
que Raphael doit beaucoup à Léonard. Les chambres du Vatican, commencées cinq ans après
l'achèvement du carton de Léonard, ont gardé
le souvenir de cette leçon éloquente. Raphael
n'avait pas besoin des conseils de Vinci pour
donner à ses madones la grâce divine qui règle
tous leurs mouvements; mais dans *l'École d'A-
thènes*, dans l'*Héliodore*, il s'est souvenu de
Vinci, comme il s'est souvenu de Michel-Ange
dans *les Sybilles* de Sainte-Marie-de-la-Paix,
dans l'*Isaïe* de Saint-Augustin[1]. C'est à Léonard plus qu'à Michel-Ange que Raphael doit
l'agrandissement de sa manière; et quoique depuis il ait été surpassé par le peintre d'Urbin,
que personne n'a jamais égalé dans le grand
art de la composition, Léonard peut au moins,
sous quelques rapports, lui être comparé sans
désavantage.

Nous ne dirons pas avec Luc Paccioli, un des
hommes les plus savants du xve siècle, qu'il
l'emporte de tout point sur Apelles, Myron et
Polyclète : ces louanges données par l'amitié
sont à bon droit suspectées d'exagération; mais;

___

[1] Voir *Raphael*, par Frédéric Kœnig. — Tours, Alfred Mame
et fils.

deux cents ans après lui, le fameux Hogarth
ne l'appelait jamais que le grand Léonard; dans
son traité *des Romans et des Comédies*, Giraldi
Cintio le propose aux acteurs comme le meilleur maître d'expression dramatique; de Piles,
dans sa *Balance des peintres*, l'égale positive-
ment au Titien, et le place, sous plus d'un
rapport, au-dessus de Michel-Ange; au jugement de Winckelmann, il est le seul parmi les
modernes qui ait égalé les anciens dans l'art
d'exprimer noblement la beauté. Enfin Rubens,
dont le suffrage est d'un si grand poids, parle
de Vinci en ces termes :

« Il commençait par examiner toutes choses
selon les règles d'une exacte théorie, et en faisait ensuite l'application sur le naturel dont il
voulait se servir. Il observait les bienséances et
fuyait toute affectation. Il savait donner à chaque
objet le caractère le plus vif, le plus spécificatif
et le plus convenable qu'il est possible, et pous-
sait celui de la majesté jusqu'à la rendre divine.
L'ordre et la mesure qu'il gardait dans ses ex-
pressions était (*avait pour but*) de remuer l'imagination et de l'élever par des parties essen-
tielles, plutôt que de la remplir par des minuties.
Il avait un si grand soin d'éviter la confusion
des objets, qu'il aimait mieux laisser quelque
chose à souhaiter dans son ouvrage que de ras-

sasier les yeux par une scrupuleuse exactitude. Il commença par consulter plusieurs sortes de livres; il en avait tiré une infinité de lieux communs, dont il avait fait un recueil. Enfin, par un effet de ses profondes spéculations, il est arrivé à un tel degré de perfection, qu'il me paraît comme impossible d'en parler dignement, et encore plus de l'imiter. »

Ceux de nos connaisseurs, néanmoins, qui témoignent le plus de vénération pour le génie de Léonard ne se dissimulent point que son talent n'était pas exempt de reproches. Le désir de terminer les objets jusque dans leurs plus petits détails, et d'en arrêter les contours avec précision, le fit quelquefois tomber dans la sécheresse, qui était le défaut de tous ses devanciers. Enfin son dessin, quoique savant, a parfois de la maigreur. Au reste, il partage avec Raphael l'honneur d'avoir peint les têtes de vierges les plus belles et les plus touchantes, et d'avoir trouvé dans son imagination une sorte de beau idéal, sans rien emprunter au goût des statues antiques.

Croirait-on qu'après avoir considéré ce grand homme comme peintre, sculpteur, architecte, ingénieur, chimiste et mécanicien, nous n'avons pas épuisé la liste de ses titres? N'eût-il fait que cultiver les belles-lettres, il eût encore mérité l'attention de son siècle. Plusieurs littérateurs italiens parlent de ses vers avec un pompeux éloge, et n'hésitent pas à le compter au nombre des restaurateurs de la poésie italienne. Nous nous contenterons d'en donner comme échantillon le sonnet suivant, qui présente peut-être des antithèses affectées, dans le goût que Boileau blâmait chez le Tasse ; mais on y trouvera, par compensation, un ton de sensibilité et une teinte philosophique digne d'intérêt :

> Chi non può que che vuol, quel che può voglia,
> Che quel che non si può folle è volere :
> Adunque saggio è l'uomo da tenere
> Che da quel che non può suo voler toglia.
>
> Però ch'ogni diletto nostro, e doglia,
> Sta in si e no saper, voler, potere :
> Adunque quel sol può che col dovere
> Ne trahe la ragion fuor di sua soglia.
>
> Nè sempre è da voler quel che l'uom puote :
> Spesso par dolce quel che torna amaro.
> Piansi già quel ch'io volsi poi ch'io l'hebbi.
>
> Adunque tu, lettor di queste note,
> S'a te vuoi esser buono, e agl' altri caro,
> Voli sempre poter quel che tu debbi.

« Qui ne peut ce qu'il veut doit vouloir ce qu'il peut ; car c'est folie de vouloir ce qui ne nous est pas possible. On doit tenir pour sage l'homme qui distrait sa volonté de ce qu'il ne peut obtenir, car notre peine ou notre plaisir consiste dans le oui ou le non *savoir, vouloir, pouvoir*. Celui-là seul donc *peut* qui agit conformément au devoir, et qui ne déplace jamais la raison de son siège. Il n'est pas avantageux non plus à l'homme de vouloir tout ce qu'il peut; car souvent ce qui nous paraît doux finit par devenir amer, et j'ai pleuré parfois sur ce que j'avais désiré, parce que je l'avais obtenu. O toi qui lis ces notes, si tu veux être utile à toi et cher aux autres, ne veuille jamais que ce qu'il est juste de vouloir. »

APPENDICE

—

NOTICE

DES TABLEAUX ET DES DESSINS DE LÉONARD DE VINCI
EXPOSÉS DANS LES GALERIES
ET DANS LES SALLES DU MUSÉE NATIONAL DU LOUVRE

Cette notice contient : 1º le numéro d'ordre sous lequel le tableau ou le dessin est inscrit ; 2º l'indication du sujet ; 3º les dimensions du tableau ou du dessin, la matière sur laquelle il a été exécuté, la grandeur au moins approximative des figures, etc.; 4º la description som-

8*

maire du tableau ou du dessin, de manière à
ne pas faire double emploi avec ce qui en a été
dit dans le cours de l'ouvrage ; 5º les renseignements qui peuvent servir à établir son origina-
lité, sa provenance, etc.

—

480. *Saint Jean-Baptiste.* Hauteur 0 mèt. 69 cent., largeur 0 mèt. 87 cent. Peint sur bois, figure à mi-corps, petite nature.

Le saint, vu de trois quarts et légèrement penché vers la gauche, montre le ciel de la main droite, et tient de l'autre main une croix de roseau. Il est vêtu d'une peau d'agneau qui laisse à découvert la partie supérieure de son corps.

Ce tableau faisait partie de la collection de François Ier. Louis XIII chargea son chambellan, M. de Liancourt, de l'offrir à Charles Ier, roi d'Angleterre, qui lui donna en retour un portrait d'Érasme, par Holbein, et une *sainte Famille* du Titien, qui font encore partie du musée. A la mort de Charles Ier, *le saint Jean-Baptiste* fut vendu par le parlement d'Angleterre au riche banquier Jabach, célèbre amateur de cette époque, pour le prix de 140 livres sterling (3,500 fr.); ce banquier le céda ensuite à Louis XIV. Il existe une copie de ce tableau à l'Ambrosienne de Milan.

481. — *La Vierge, l'enfant Jésus et sainte Anne.* Hauteur 0 mèt. 70 cent., largeur 1 mèt. 29 cent. Sur bois, figure de grandeur naturelle.

La Vierge, assise sur les genoux de sainte Anne, vue presque de profil et tournée vers la droite, se baisse pour prendre l'enfant Jésus, qui est par terre et caresse un agneau. Le fond représente une rivière et des rochers escarpés.

Ce tableau n'est pas achevé; les draperies, les fonds et les accessoires ne sont qu'ébauchés; la couleur n'est pas aussi solide, le modelé n'est pas aussi puissant que dans le portrait de *la Joconde.* Cette peinture fut rapportée d'Italie par le cardinal de Richelieu, lorsqu'en décembre 1629 il commanda en personne le siège de Casal, sur les confins du Milanais et du Novarais. Il orna la galerie de tableaux du Palais-Cardinal, et ne passa dans la collection du roi Louis XIV que plusieurs années après la mort de Richelieu. Son authenticité a été contestée par plusieurs critiques, et il faudrait plusieurs pages pour résumer la volumineuse polémique à laquelle il a donné lieu ; mais aujourd'hui tous les vrais connaisseurs sont tombés d'accord, et, « en présence d'un pareil chef-d'œuvre, dit M. Villot, un des conservateurs du Musée national, l'érudition doit se taire pour faire place à l'admiration. Il suffit d'examiner cette superbe peinture pour acquérir la certitude qu'aucun élève ou imitateur de Léonard n'a pu arriver à cette puissance, à cette finesse de modelé, et surtout à ce charme dans le sourire que le peintre de Monna Lisa a seul exprimé avec autant de bonheur. »

482. — *La Vierge aux rochers.* Hauteur 1 mèt. 99 cent., largeur 1 mèt. 22 cent., cintré du haut. Sur toile, figure petite nature.

L'enfant Jésus, assis à droite et soutenu par un ange, donne sa bénédiction au jeune saint Jean, agenouillé à gauche, qui lui est présenté par la sainte Vierge. Dans le fond une grotte, un paysage et des rochers d'une forme fantastique, qui ont fait donner au tableau le nom de *la Vierge aux rochers.*

Ce tableau vient de la collection de François Ier. Il en existe plusieurs répétitions fort belles, entre autres une placée dans le musée de Nantes. Le tableau du Louvre, peint originairement sur bois, a été remis sur toile depuis la restauration.

483. — *Portrait de femme.* Hauteur 0 mèt. 62 cent., largeur 0 m. 44. Peint sur bois, buste petite nature.

Elle est représentée la tête vue de trois quarts, tournée à gauche, avec les cheveux lisses, le front ceint d'une gance noire retenue par un diamant, le cou orné d'une cordelière. Elle est vêtue d'une robe rouge ornée d'une bande d'or et de broderies entourant l'échancrure près de la poitrine et des épaules.

Ce magnifique portrait, qui faisait partie de la collection de François Ier, est indiqué par le père Dan (dans son *Trésor des merveilles de Fontainebleau,* 1642) comme représentant la duchesse de Mantoue. Il a souvent été gravé sous le nom de *la belle Ferronnière;* mais il est plus probable qu'il offre les traits de Lucrezia Crivelli, dame milanaise attachée à la cour de Ludovic Sforza, et qu'il a été peint par Léonard en 1497.

484. — *Portrait de Monna Lisa, connu sous le nom de la Joconde.* Hauteur 0 mèt. 77 cent., largeur 0 mèt. 53 cent. Sur bois, buste de grande nature.

Elle est représentée de trois quarts, tournée vers la gauche, assise dans un fauteuil; les deux mains sont croisées l'une sur l'autre. Un voile léger, retenu par un fil d'or très mince qui passe sur le front, recouvre le derrière de la tête et retombe sur les épaules, ainsi que ses cheveux bouclés. Derrière et au delà d'un appui en pierre, on aperçoit une espèce de lac entouré de rochers aigus.

(Voir ce que nous avons dit, dans le corps de l'ouvrage, de ce superbe portrait.)

485. — *Bacchus*. Hauteur 1 mèt. 77, largeur 1 mèt. 15 cent. Sur toile, figure petite nature.

Il est représenté de trois quarts, tourné à gauche, couronné de pampres, assis sur une pierre et s'appuyant sur un thyrse. Collection de Louis XIV. Il est probable que primitivement ce tableau représentait un saint Jean-Baptiste dans le désert, et que les pampres et le thyrse ont été ajoutés après coup, peut-être par un élève de Léonard. Une peinture entièrement semblable à celle-ci, sauf la couronne de pampres, et représentant bien un saint Jean-Baptiste, se voit dans l'église Saint-Eustorge, à Milan.

486. — *La Cène.* Hauteur 2 mèt. 60 cent., largeur 5 mèt. 49 cent. Sur toile, figures de grandeur naturelle.

C'est une copie de l'admirable composition que Léonard peignit, vers 1496, dans le réfectoire du couvent de Santa-Maria-della-Grazie, à Milan. Voir ce que nous en avons dit au chapitre entièrement consacré à la description de ce tableau. On connaît plus de quarante copies ou imitations de la *Cène* de Léonard, exécutées dans des proportions différentes, soit à fresque, soit à l'huile. La plus importante de toutes, à cause de son extrême fidélité, est celle faite par Marco d'Oggione, élève de Léonard, vers 1510; elle est maintenant à l'école des beaux-arts de Londres. Cette copie est la seule qui conserve dans son ensemble et dans ses détails les proportions exactes de l'original. La copie exposée au Louvre est d'un tiers moins grande que la précédente, mais d'une exécution identique, ce qui l'a fait également attribuer à Marco d'Oggione. Cette copie est extrêmement précieuse, parce que, sauf la dimension, elle reproduit scrupuleusement la composition de Léonard dans ses moindres détails. Elle fut commandée pour la chapelle du château d'Écouen par le connétable de Montmorency.

(Les dimensions sont indiquées en millimètres.

———

382. — *Tête de jeune homme vue de profil et coiffé d'une calotte.* A gauche, trois autres indications de figures.

Ce dessin, très terminé, est à la plume et lavé d'encre. Hauteur 0 mèt. 180 millim., largeur 0 mèt. 155 millim. Gravé par Caylus (Chalcographie nationale), exposé salle des Boîtes. (Collection Jabach.)

383. — *Tête d'enfant vue de profil et tournée à gauche.* Au crayon d'argent et rehaussé de blanc, sur papier teinté de vert pâle. Hauteur 0 mèt. 120 millim., largeur 0 mèt. 100 millim.

Cette étude a servi pour l'enfant Jésus de la

composition connue sous le nom de *la Vierge aux rochers*, mentionnée plus haut.

384. — *Tête de jeune homme vue de profil et tournée vers la droite; une couronne de feuilles de chêne est mêlée à sa chevelure.* Dessin très terminé, au crayon d'argent et à la pierre noire, sur papier préparé. Hauteur 0 mèt. 185 millim., largeur 0 mèt. 120 millim.

Ce dessin paraît avoir été exécuté d'après le même modèle que celui décrit plus haut, nᵒ 382. (Collection Jabach.)

385. — *Tête d'homme âgé, vu de trois quarts et se tournant vers la gauche.*

A la sanguine. Hauteur 0 mèt. 095 millim., largeur 0 mèt. 060 millim. Gravé par Caylus. (Chalcographie nationale.)

386. — *Jeune homme vu en buste et de trois quarts,* tourné vers la droite; sa chevelure est énorme. Dessin au crayon d'argent, sur papier teinté de bleu pâle. Hauteur 0 mèt. 160 millim., largeur 0 mèt. 140 millim.

387. — *Tête de femme vue presque de face, le regard dirigé vers la gauche.* Dans le haut, à droite, profil de jeune homme. Dessin au crayon d'argent, sur papier teinté de bleu pâle.

Hauteur 0 mèt. 160 millim., largeur 0 mèt. 140 millim.

388. — *Buste de femme vue de face; le regard est dirigé vers la droite.* Une draperie entoure la tête et forme, en retombant, un nœud de chaque côté. A la mine d'argent, lavé et rehaussé de blanc, sur papier teinté de vert pâle. Hauteur 0 mèt. 140 millim., larg. 0 mèt. 170 millim.

389. — *Étude très arrêtée d'une ample draperie enveloppant le bas du corps d'un personnage assis.* Peint de noir et de blanc sur une toile très fine. Hauteur 0 mèt. 266 millim., largeur 0 mèt. 234 millim.

Vasari nous apprend que Léonard fit dans sa jeunesse des études de ce genre. (Voir ci-dessus, chap. ɪ.) La galerie de Florence en possède plusieurs, semblables à celle du Louvre. Voici le passage de Vasari à ce sujet :

« Il s'appliqua beaucoup à dessiner d'après nature, et quelquefois modela des figures en terre sur lesquelles il plaçait de vieux linges mouillés enduits de terre; ensuite il se mettait avec patience à les dessiner sur du linon très fin, ou sur de la toile qui avait déjà servi, et les terminait à la pointe du pinceau avec du blanc et du noir. C'était chose admirable,

comme en font foi les dessins de ce genre con-
tenus dans notre recueil. »

390. — *Portrait grand comme nature de jeune
femme vue en buste.* La tête est de profil, tournée vers la droite; la chevelure est ondulée et
retombe sur les épaules. Le buste, vu de trois
quarts, est couvert d'une robe rayée et à manches
larges. La main droite est posée sur le bras
gauche.

Ce carton, qui a été piqué avec le plus grand
soin et par le maître lui-même, est exécuté à
la pierre noire à la sanguine, et rehaussé de
touches de pastel. Hauteur 0 mèt. 630 millim.,
largeur 0 mèt. 460 millim.

Ce beau dessin provient de la galerie Calde-
rara Pino, de Milan, et de la collection Vallardi.
Acquis en décembre 1860 en vente publique, au
prix de 4,410 fr. avec les frais.

391. — *Étude très arrêtée de la draperie de
la sainte Vierge,* pour le tableau de *la sainte
Famille* dont il est fait mention plus haut,
n° 481. A la pierre noire, vigoureusement lavé
d'encre de Chine et rehaussé de blanc, sur papier légèrement bistré. Forme octogone. Hauteur 0 mèt. 231 millim., largeur 0 mèt. 240
millim.

Ce beau dessin paraît entièrement retravaillé par la main d'un maître plus moderne. Il a fait partie de la collection de sir Thomas Lawrence et de la vente du roi des Pays-Bas. Acquis pour le Louvre, de M. Samuel Woodburn, au prix de 750 fr. (30 liv. sterling), en décembre 1851.

NOTA. — Nous ne faisons pas mention de cinq autres dessins qui sont attribués seulement à Léonard, mais dont l'authenticité est plus que douteuse.

FIN

TABLE

21190. — Tours, impr. Mame.